ADOLPHE JOANNE

GÉOGRAPHIE

DE L'EURE

15 gravures et une carte

HACHETTE ET Cie

GÉOGRAPHIE

DU DÉPARTEMENT

DE L'EURE

AVEC UNE CARTE COLORIÉE ET 15 GRAVURES

PAR

ADOLPHE JOANNE

AUTEUR DU DICTIONNAIRE GÉOGRAPHIQUE ET DE L'ITINÉRAIRE
GÉNÉRAL DE LA FRANCE

PARIS

LIBRAIRIE HACHETTE ET Cⁱᵉ

79, BOULEVARD SAINT-GERMAIN, 79

1881

TABLE DES MATIÈRES

DÉPARTEMENT DE L'EURE

I	1	Nom, formation, situation, limites, superficie	3
II	2	Physionomie générale	4
III	3	Cours d'eau	7
IV	4	Climat	16
V	5	Curiosités naturelles	16
VI	6	Histoire	17
VII	7	Personnages célèbres	33
VIII	8	Population, langue, culte, instruction publique	36
IX	9	Divisions administratives	37
X	10	Agriculture ; productions	43
XI	11	Industrie ; produits minéraux	45
XII	12	Commerce, chemins de fer, routes	47
XIII	13	Dictionnaire des communes	50

LISTE DES GRAVURES

1	Les Andelys	9
2	Pont-Audemer	15
3	Ruines du château de Gisors	21
4	Évreux	25
5	Château-Gaillard, aux Andelys	27
6	Henri IV à Ivry	31
7	Église Notre-Dame, aux Andelys (portail nord)	51
8	Église Notre-Dame, aux Andelys	53
9	Église Sainte-Croix, à Bernay	55
10	Pyramide d'Épieds	59
11	Tour de l'Horloge, à Évreux	60
12	Cathédrale d'Évreux	61
13	Église Saint-Gervais, à Gisors	65
14	Église Notre-Dame, à Louviers	69
15	Tour de la Madeleine, à Verneuil	77

Typographie A. Lahure, 9, rue de Fleurus, à Paris

DÉPARTEMENT

DE L'EURE

I. — Nom, formation, situation, limites, superficie.

Le département de l'Eure doit son *nom* à la rivière de l'Eure, qui le traverse du sud au nord et qui s'y jette dans la Seine.

Il a été *formé*, en 1790, de trois pays appartenant à l'ancienne **Normandie**, l'une des provinces qui constituaient alors la France : la NORMANDIE PROPRE (574,776 hectares), le COMTÉ D'ÉVREUX (185,844 hectares) et une partie du PERCHE (20,482 hectares).

Il est *situé* dans le nord de la France. Un seul département, Seine-et-Oise, le sépare de Paris ; deux, Eure-et-Loir et le Loiret, le séparent du département du Cher, qui occupe assez exactement le centre de notre pays. La côte du département qui touche à l'estuaire de la Seine est à 170 kilomètres environ à vol d'oiseau des côtes de l'Angleterre, dont la sépare la mer de la Manche. Évreux, chef-lieu du département, est à 108 kilomètres à l'ouest de Paris par le chemin de fer. L'Eure est traversé, à 15 kilomètres environ à l'est d'Évreux, par le 1er degré de longitude ouest du méridien de Paris. En latitude, il est coupé, au sud d'Évreux, de Beaumesnil et de Broglie, par le 49e degré : il est donc un peu plus rapproché du Pôle que de l'Équateur, séparés l'un de l'autre par 90 degrés.

Le département de l'Eure a pour *limites* : au nord, la Seine-Inférieure ; à l'est, l'Oise et Seine-et-Oise ; au sud,

Eure-et-Loir et l'Orne ; à l'ouest, le Calvados. Ces limites
sont en partie naturelles, et en partie artificielles ou tracées
à travers champs par des lignes conventionnelles, des chemins, des sentiers. Au nord, le département a pour frontière
naturelle la Seine sur plusieurs points : d'Aizier à Fiquefleur,
du Landin au port d'Yville, du bois de Mauny à la limite de
la commune de Caumont, et enfin de Martot à Bonport, près
de Pont-de-l'Arche. A l'est, le cours de l'Epte, de son entrée
dans le département jusqu'à son embouchure, sépare l'Eure
de l'Oise et de Seine-et-Oise. Plus au sud, le cours de l'Eure,
depuis la station de Bueil jusqu'à l'embouchure de l'Avre,
appartient par sa rive gauche au département de l'Eure, tandis que la rive droite touche à celui d'Eure-et-Loir. La limite
du département se continue de l'est à l'ouest, à partir du
confluent de l'Avre, en suivant presque continuellement le
cours de cette rivière jusqu'auprès de Baslines. Enfin, tout à
fait au nord-ouest du département, la petite rivière de la Morelle sépare, sur 8 kilomètres environ, l'Eure du Calvados.

La *superficie* du département de l'Eure est de 595,765
hectares. Sous ce rapport, c'est le 46ᵉ département de la
France ; en d'autres termes, 45 sont plus étendus. Sa plus
grande *largeur*, du sud au nord, de Chennebrun à Quillebeuf,
est de 100 kilomètres ; sa plus grande *longueur*, de l'est à
l'ouest, de Gisors à Fiquefleur-Equainville, est de 115 kilomètres. Le *périmètre* du département est de 508 kilomètres.

II. — Physionomie générale.

Le département de l'Eure peut être divisé en six grandes
plaines ou plateaux crayeux, d'un aspect uniforme, séparées
par de riantes vallées de prairies.

Le premier de ces plateaux est l'ancien **Vexin normand**,
entre l'Epte, qui le sépare du Vexin français, l'Andelle, qui
le sépare du pays de Caux, et la Seine. L'altitude moyenne
de ce plateau est de 100 à 120 mètres ; mais on trouve dans
la forêt de Lyons des sommets de 160, 170, 175 mètres, et

même, à 5 kilomètres au nord-ouest du bourg de Lyons-la-Forêt, de 177 mètres. Le Vexin normand renferme les belles forêts de Lyons, de Gisors, de Bacqueville, des Andelys, de Vernon, et se termine par les délicieux vallons de l'Epte et de l'Andelle; du côté de la Seine, il finit par de belles collines escarpées, dont la plus célèbre, celle des *Deux-Amants* (plus de 150 mètres de hauteur absolue), commande le confluent de l'Andelle et de la Seine.

Le deuxième plateau, entre la Seine et l'Eure, a la même altitude que le précédent; mais ses points les plus élevés ne dépassent pas 152 mètres (près de Villegast) et 156 mètres (près d'Ailly). On y remarque la forêt de Pacy, et celle de Bizy près de Vernon.

Le troisième plateau, entre l'Eure, l'Avre, l'Iton, comprend la PLAINE DE SAINT-ANDRÉ et la partie du PERCHE qui dépend de l'Eure. Il renferme les forêts d'Évreux, de Mérey, d'Ivry, de Roseux et de Bourth, et a pour points culminants les collines qui s'élèvent au nord de Chennebrun et du cours de l'Avre (200 à 228 mètres ; l'altitude moyenne est de 150 mètres.

Le quatrième plateau, entre la Seine, l'Eure, l'Iton et la Rille, se divise en trois parties : au nord, le Roumois; au centre, la PLAINE DU NEUBOURG; au sud, les PLATEAUX DE CONCHES ET DE BRETEUIL. **Le Roumois**, qui est la partie la plus basse du département, en comprend la plus belle portion : la vallée de la Seine, des environs d'Honfleur (Calvados) aux collines que recouvrent les grandes forêts de Louviers et de Pont-de-l'Arche. Dans son cours sinueux, le fleuve, qui coule tour à tour vers les quatre points de l'horizon, forme trois grandes presqu'îles qui, on ne sait pourquoi, appartiennent au département de la Seine-Inférieure, bien qu'ouvertes sur la rive gauche, qui dépend, en général, du département de l'Eure. Le chenal navigable suit la côte du département de l'Eure jusqu'au port de Quillebeuf, à partir duquel il décrit une courbe qui le rapproche de Tancarville. Puis il côtoie le département de la Seine-Inférieure jusqu'au *Nez de Tancar-*

ville, d'où il court au sud-ouest, pour venir passer à 500 mètres de la Pointe de la Roque. Entre la *Pointe de Quillebeuf* et celle *de la Roque*, promontoire haut de 56 mètres, la côte, décrivant jadis un demi-cercle presque parfait de 10 kilomètres de tour, entourait d'une ligne de falaises élevées de 100 à 120 mètres un golfe remplacé par la plaine desséchée du *Marais-Vernier*, qui a été transformée en excellents terrains de culture. A 2 kilomètres au sud de la Pointe de la Roque se trouve l'embouchure de la Rille, à partir de laquelle le fleuve devient un golfe à bancs de sable et qui forme un golfe triangulaire, à l'ouest duquel la côte offre successivement le port de Berville-sur-Mer, le rocher Godin, les roches à Gervais, les falaises de Jobbes (100 mètres), le port de Fiquefleur et l'embouchure de la Morelle. — Le Roumois, les plateaux du Neubourg, de Conches et de Breteuil possèdent de belles forêts : celles de Montfort, du Neubourg, de Gravigny, de Conches et de Breteuil. La pente générale du terrain va du sud (215 mètres près de Chéronvillers) au nord (120 mètres sur les plateaux voisins de la Seine); l'altitude générale est de 140 à 180 mètres.

Le cinquième plateau, connu sous le nom de **Pays d'Ouche**, est situé au sud-ouest, entre la Charentonne et la Rille, qui vont se rejoindre au pied des hauteurs portant la forêt de Beaumont. Moins fécond que les régions précédentes, le Pays d'Ouche offre, près du *Mesnil-Rousset*, sur les limites du département de l'Orne, le point culminant du département (241 mètres).

Enfin, le sixième plateau, ou plaine du **Lieuvin,** célèbre par ses herbages, s'étend entre la Charentonne, la Rille et le département du Calvados. Il a plus de 200 mètres d'altitude dans sa partie méridionale, vers les sources des rivières qui l'arrosent, 175 dans sa partie moyenne, 100 à 150 au nord.

Si, à part les forêts qui en rompent la monotonie, les plateaux offrent un aspect monotone, en revanche la vallée de la Seine est une des plus belles de la France, et les vallées plus petites, celle de l'Andelle par exemple, sont aussi gracieuses que va-

riées ; leurs prairies, leurs charmants ruisseaux, leurs abondantes fontaines, leurs jardins, leurs forêts, leurs usines forment de ravissants petits paysages, semblables aux plus jolis
sites de l'Angleterre.

III. — Cours d'eau.

Toutes les eaux du département se jettent dans la Manche,
soit par la Seine, soit par la Touques.

La **Seine** est l'un des principaux fleuves de la France. Sa
longueur, y compris les détours, — et précisément elle est
fort sinueuse, — est de 770 kilomètres, et son bassin, c'est-
à-dire l'ensemble des surfaces qui lui envoient leurs eaux, est
de près de 7,800,000 hectares. Elle prend sa source à 471 mètres au-dessus du niveau de la mer, dans les montagnes du
département de la Côte-d'Or. Elle baigne : Troyes, chef-lieu du
département de l'Aube ; Melun, chef-lieu du département de
Seine-et-Marne ; Paris, capitale de la France. Quand elle commence à toucher le département de l'Eure, elle a déjà parcouru environ 452 kilomètres et reçu quatre rivières importantes : l'Aube, l'Yonne, la Marne et l'Oise.

La Seine sort du département de Seine-et-Oise pour entrer
dans celui de l'Eure à l'embouchure de l'Epte, en amont de
Vernon, où la croise le pont du chemin de fer de Vernon à Gisors. Outre cette ville, le fleuve baigne dans le département
les communes de Saint-Just, Saint-Pierre-d'Autils, Pressagny-
l'Orgueilleux, Notre-Dame-de-l'Isle, Saint-Pierre-la-Garenne,
Portmort, Courcelles-sur-Seine ; laisse à 2 kilomètres et demi
à gauche la ville de Gaillon ; passe près d'Aubevoie, de
Bouafles, de Tosny, de Vezillon, aux Andelys, près du Thuit,
de la Roquette, de Bernières-sur-Seine, à Muids, près de Venables, à Saint-Pierre-du-Vauvray, Andé, Herqueville, Portejoie,
Connelles, Tournedos, Poses, Amfreville-sous-les-Monts, près
de Pitres, au Manoir, où il croise le chemin de fer de
Paris à Rouen, aux Damps, à Pont-de-l'Arche, à Criquebeuf et
près de Martot. Dans cette commune se trouve le dernier

barrage de la Seine ; c'est le point de jonction des parties
fluviale et maritime. Ce barrage est construit dans le système
de l'ingénieur français Poirée ; la partie supérieure est mobile,
ce qui permet de rétablir le régime naturel en temps de crue,
après avoir relevé le niveau pour faciliter la navigation en
temps ordinaire.

Au delà de Martot, la Seine, après avoir parcouru 68 kilomètres dans le département de l'Eure, entre dans celui de
la Seine-Inférieure, où elle décrit d'immenses méandres, dont
trois touchent au département de l'Eure par leur extrémité sud,
c'est-à-dire par la rive gauche. Dans la Seine-Inférieure, elle
baigne Elbeuf, Rouen, Grand-Couronne, Duclair, Jumièges et
Caudebec. Les communes de l'Eure qu'elle touche par sa rive
gauche, depuis son entrée dans la Seine-Inférieure, sont Caumont, Barneville, le Landin, Aizier, Vieux-Port et Quillebeuf.

A partir de Quillebeuf, la Seine se transforme en un estuaire, en d'autres termes, en un golfe, où les eaux douces se
mêlent aux eaux salées de la mer. Cet estuaire, qui a jusqu'à
10 kilomètres de largeur, se rétrécit à 7 kilomètres devant
Honfleur. Entre Quillebeuf et l'embouchure de la Morelle, qui
forme l'embouchure du Calvados, la côte est bordée par les
villages de Saint-Aubin, de Berville, de Carbec et de Fiquefleur.

C'est entre Quillebeuf et le méandre de Caudebec que le
phénomène de la *barre*, ou conflit de la marée et du courant
fluvial, se montre dans toute sa puissance à l'époque des
grandes marées. Le flot marin s'avance en rouleaux écumeux
hauts de 2 et 3 mètres, avec la vitesse de près d'un kilomètre
à la minute ; le long des berges, l'eau, qu'arrêtent les saillies
du rivage, s'élance en fusées et reflue en tourbillons.

La Seine apporte à la mer un volume d'eau très considérable. A Paris, elle roule, dans les eaux les plus basses, 44
mètres cubes par seconde, dans les eaux basses 75 mètres
cubes, dans les eaux moyennes 250, dans les crues 1,200 à
1,500. A Rouen, le fleuve, qui, en aval de Paris, a reçu l'Oise
et l'Eure, sans parler de plusieurs petites rivières, débite une
masse d'eau presque double.

La Seine est navigable dans toute l'étendue du département. Tout récemment encore, le lit du fleuve, entre la Mailleraye et la mer en aval de Honfleur, était rempli de bancs de sable mobiles, et sa profondeur variable et insuffisante, ce qui offrait de grands dangers à la navigation. Ces dangers étaient aggravés encore par la barre; les navires qui s'échouaient étaient perdus sans secours possible. Dans ces conditions, de petits bateaux de 100 à 200 tonneaux pouvaient

Les Andelys.

seuls parcourir le fleuve, et il fallait quatre jours pour aller de la mer à Rouen. A partir de 1846, on a entrepris la construction de digues longitudinales espacées de 300 à 500 mètres (aujourd'hui achevées), qui ont eu pour résultats : de modifier profondément le lit du fleuve et le régime des chenaux de l'embouchure ; de diminuer considérablement la violence du mascaret, car aujourd'hui les navires en supportent facilement le choc et ne risquent plus de s'échouer; de permettre à des bâtiments calant 6 mètres 40 l'accès du port de Rouen ; de réduire à 8 ou 10 heures le trajet de la mer à cette ville ; enfin de créer 8,382 hectares de prairies, conquises sur le lit du fleuve et valant 4,000 francs l'hectare. L'endiguement de la Seine s'arrête à l'embouchure de la Rille.

Les affluents de la Seine dans le département sont l'Epte, le Gambon, l'Andelle, l'Eure, l'Oison, la Rille, la Vilaine, le ruisseau de Jobbes et la Morelle.

L'**Epte**, qui sépare le département de l'Eure de ceux de l'Oise et de Seine-et-Oise, est une jolie rivière de 100 kilomètres de cours, abondamment alimentée par les fortes sources que lui fournissent des plateaux crayeux. Elle naît dans le département de la Seine-Inférieure, où elle baigne Gournay. Entrée dans l'Eure près de Bouchevilliers, l'Epte prête sa vallée au chemin de Dieppe à Gisors, puis à celui de Gisors à Vernon. Elle baigne Talmontier, Amécourt, Bazincourt, Gisors, Dangu, Guerny, Saint-Clair-sur-Epte, passe près de Château-sur-Epte et de Berthenonville, à Fourges, à Gasny et à Sainte-Geneviève ; puis elle débouche dans la Seine (rive droite) près de Giverny, à 3 ou 4 kilomètres en amont de Vernon. Un autre petit bras rejoint le fleuve à quelques centaines de mètres plus haut, près de Port-Villiers (Seine-et-Oise). — L'Epte reçoit : à Gisors, (rive gauche) la *Troène*, qui naît dans le département de l'Oise et, sur 30 kilomètres de cours, n'en a guère que deux dans le département de l'Eure ; à Gisors, (rive gauche) le *Réveillon*, qui n'appartient également à l'Eure que par son cours supérieur ; près de Neaufles-Saint-Martin, (rive droite) la *Levrière* (25 kil.), qui naît à Bézu-la-Forêt, à la fontaine du Houx, dans la forêt de Lyons, passe à Martagny, au Mesnil-sous-Vienne, à Mainneville, à Hébécourt, à Saint-Denis-le-Ferment, à Saint-Paer, reçoit la *Bonde* (elle a sa source à Doudeauville et baigne Étrépagny) à Bézu-St-Éloi et croise le chemin de fer de Gisors à Pont-de-l'Arche.

Le *Gambon* naît à Harquency, arrose le Grand-Andely, où débouche le ruisseau du vallon de *Paix*, et se jette dans la Seine (rive droite) au Petit-Andely.

L'**Andelle**, un peu moins considérable que l'Epte, et l'une des plus jolies rivières de la Normandie, arrose une vallée tout à fait charmante. Elle a ses sources près de celles de l'Epte, à Serqueux (Seine-Inférieure). L'Andelle entre dans le département de l'Eure au-dessous de Vascœuil, passe au pied des collines que recouvre la vaste forêt de Lyons, coule dans une riche vallée, où elle se grossit de sources abondantes et fait mouvoir de nombreuses usines ; arrose les communes de Perruel, Perriers-sur-Andelle, Charleval, Fleury-sur-Andelle, Radepont, Douville, Saint-Nicolas-de-Pont-Saint-Pierre, Romilly-sur-Andelle, croise le chemin de fer de Gisors à Pont-de-l'Arche, et tombe dans la Seine (rive droite) près de Pitres, au pied de la côte des Deux-Amants. Son cours, de 60 kilomètres, se partage presque également entre la Seine-Inférieure et l'Eure. — L'Andelle reçoit : à Vascœuil, (rive droite) le *Crevon*, qui vient de Ry (Seine-Inférieure) ; à Charleval, (rive gauche) la *Lieure*, qui naît dans la forêt de Lyons, passe à Lyons, à Rosay et à Menesqueville, où débouche le *Fouillebroc* qui baigne Lisors et Touffreville.

L'**Eure**, qui a environ 225 kilomètres de cours, dans un bassin de 550,000 à 600,000 hectares, porte en été à la Seine environ 10 mètres cubes d'eau par seconde. Ses sources viennent du Perche, dans le département de l'Orne : elle se forme par l'union de deux ruisseaux, déversoirs de six grands étangs, dont l'un est à 254 mètres d'altitude. A quelques kilomètres de son origine, elle entre dans le département d'Eure-et-Loir. Après avoir d'abord coulé vers le sud-est, comme pour aller se jeter dans la Loire aux environs d'Orléans, elle tourne au nord, direction qu'elle suit jusqu'à son embouchure, avec divers détours qui la portent quelque peu vers le nord-nord-ouest. En Eure-et-Loir, elle baigne Chartres et Maintenon, où elle coule sous le fameux pont-aqueduc qui devait porter ses eaux à Versailles. Au confluent de l'Avre, elle commence à toucher par sa rive gauche le département de l'Eure, la rive droite continuant d'appartenir à Eure-et-Loir. Elle sépare ainsi ces deux départements pendant un peu plus de 20 kilomètres. Prêtant sa vallée au chemin de fer de Dreux à Pacy-sur-Eure et à Louviers, l'Eure arrose, dans le département, Saint-Georges, Marcilly, Croth, Ézy (situé en face d'Anet, Eure-et-Loir), Ivry-la-Bataille et Garennes. Là, elle quitte définitivement Eure-et-Loir pour appartenir par les deux rives au département qui lui doit son nom. De nombreuses localités se pressent dans sa vallée : Bueil, Neuilly, Lorey, Breuilpont, Merey, Hécourt, Gadencourt, Fains, Pacy-sur-Eure, Saint-Aquilin, Menilles, Croisy, Vaux-sur-Eure, Cocherel, Fontaine-sous-Jouy, Chambray, Authouillet, Autheuil, Saint-Vigor, Écardenville, la Croix-Saint-Leufroy, Cailly, Fontaine-Heudebourg, Heudreville, Acquigny, Pinterville, Louviers, Incarville, St-Étienne-du-Vauvray, St-Cyr-du-Vaudreuil, Notre-Dame-du-Vaudreuil, Léry et les Damps, où l'Eure tombe dans la Seine, un peu en amont de Pont-de-l'Arche. L'Eure n'est navigable qu'à partir du confluent de l'Avre ; de fait, la navigation ne commence guère qu'à Louviers, et encore n'y a-t-elle aucune importance.

L'Eure reçoit, dans le département, l'Avre, le ru de Radon et l'Iton. — L'**Avre** (80 kilomètres), affluent de gauche, dont le cours sert pendant un certain nombre de kilomètres de limite commune aux départements de l'Eure et d'Eure-et-Loir, amène à l'Eure, en temps d'étiage, 2638 litres d'eau par seconde, c'est-à-dire presque autant que l'Eure elle-même augmentée de la Blaise (2,716 litres). C'est une rivière froide et pure, qui fait mouvoir un grand nombre d'usines et qui arrose de belles prairies par une infinité de canaux. Elle commence dans l'Orne, au sein du Perche, dans de vastes bois nommés forêt du Perche, forme plusieurs étangs, et passe dans le département de l'Eure, où elle se perd sous terre en été pendant plusieurs kilomètres pour rejaillir dans la banlieue de Verneuil. En temps de pluie, il n'y a pas d'interruption de cours. A Verneuil, elle reçoit le *Bras-Forcé*, canal dérivé de l'Iton ; puis de nombreuses fontaines et des sources de fond l'augmentent, car jusqu'à Verneuil ce n'est guère qu'un ruisseau presque entièrement à sec dans la saison des chaleurs.

En amont de Verneuil, elle baigne les communes de Chennebrun, Armentières, Saint-Christophe et Saint-Victor. En aval de Verneuil, elle rencontre les localités suivantes : Baslines, Courteilles, Tillières, Breux, Acon, Nonancourt, Saint-Germain et Muzy. L'Avre débouche dans l'Eure un peu en amont de Saint-Georges. — Le *ru de Radon*, qui vient d'Eure-et-Loir, coule parallèlement à l'Eure pendant environ 8 kilomètres, passe près de Bueil, au Breuilpont, et ne rejoint l'Eure que près d'Hécourt. — L'**Iton**, rivière aux eaux vives et claires, naît à 5 kilomètres à l'ouest de Tourouvre (Orne), au pied du mont Chauvet (299 mètres). Il entre dans le département de l'Eure à la Chaise-Dieu-du-Theil, croise le chemin de fer de Paris à Granville, baigne Bourth, Francheville, Cintrai, Saint-Nicolas-d'Attez, Saint-Ouen-d'Attez, Condé, Blandei, Roman, Authenay, Damville, Coulonges et le Sacq. A Villalet, l'Iton disparaît dans des gouffres souterrains en s'infiltrant par mille tourbillons dans le sable qui forme son lit. Il reparaît à 6 ou 7 kilomètres de là, à Glisolle, par la Fosse-aux-Dames. Dans ce trajet, le lit vide de l'Iton, que d'ailleurs remplissent les crues, est appelé *Sec Iton*. Au delà de Glisolle, il est côtoyé par le chemin de fer de Cherbourg à Paris, puis par celui d'Évreux à Rouen. Il baigne la Bonneville, Aulnay, Bérengeville-la-Rivière, Arnières, Évreux, Gravigny, Caër, Normanville, Saint-Germain-des-Angles, Tourneville, Brosville, Houetteville, la Vacherie, Hondouville, Amfreville et les Planches, où il se jette dans l'Eure (rive gauche), par 19 mètres d'altitude. Cours, 140 kilomètres. L'Iton reçoit : à Condé, (rive gauche) le *ruisseau de Breteuil*; au-dessous de Gaudreville, (rive gauche) le *Rouloir*, qui naît près de Conches, de sources très abondantes.

L'*Oison* naît près de Saint-Amand-des-Hautes-Terres, arrose une vallée profonde que borde à droite la forêt de Pont-de-l'Arche et se jette dans la Seine au-dessus d'Elbeuf.

La **Rille** ou *Risle* (150 kilomètres), dont le débit estival dépasse 5 mètres cubes par seconde, ressemble à l'Iton : comme lui, elle descend des argiles du Perche; comme lui, elle s'engouffre pour reparaître. Dans le département de l'Orne, où elle a son origine, au pied des Buttes de Louvigny (309 mètres), canton de Courtomer, elle baigne la ville de Laigle. Elle entre dans le département de l'Eure près d'Herponsei, baigne Rugles, Auvergni, la Neuve-Lyre, la Vieille-Lyre, Champignolles, la Ferrière et Ajou. Près de Noyer-en-Ouche, au Châtel-la-Lune, elle disparaît sous terre, pour en sortir 4 kilomètres plus bas, à Groslay, par la Fontaine-Roger. Prêtant sa vallée au chemin de fer de Paris à Cherbourg, puis à ceux de Serquigny à Rouen et de Glos-Montfort à Pont-Audemer, la Rille baigne Beaumont-le-Roger, Beaumontel, Launai, Nassandres, Brionne, le Bec-Hellouin, Pont-Authou, Glos, Montfort, Appeville-Annebaut, Condé, Corneville, Saint-Paul, Pont-Audemer et Saint-Mards. Elle se jette dans la Seine près de la Pointe de la Roque, en formant un estuaire sur lequel les riverains ont déjà conquis des terrains fertiles. La Rille est navigable de Pont-Audemer à la Seine (19 kilomètres).

La Rille reçoit, par la rive gauche : — en aval de Rugles, le *Sommaire*, long ruisseau qui naît dans l'Orne, et baigne Saint-Antonin ; — à Nassandres, la *Charentonne* (65 kilomètres), qui naît dans la forêt de Saint-Évroult (Orne), à 309 mètres d'altitude, entre dans le département de l'Eure en amont de Notre-Dame-du-Hamel, y baigne Mélicourt et Saint-Pierre-de-Cernières, reçoit (à gauche) le *Guiet* à la Trinité-du-Mesnil-Josselin, passe à Saint-Vincent-la-Rivière, à Broglie, à Ferrières-Saint-Hilaire et à Bernay ; — en amont de Pont-Audemer, (rive gauche) la *Véronne*, qui coule dans l'étroite vallée de Saint-Martin-Saint-Firmin ; — à Pont-Audemer, la *Sébec*, qui coule dans un vallon pittoresque, passe à Saint-Siméon et à Tourville ; — en aval de Pont-Audemer, la *Corbie*, qui passe à Fortmoville et à Toutainville (elle reçoit le *ruisseau des Godeliers*) ; — le *ruisseau de Foulbec* et le *Doult-Héroult*.

La *Vilaine*, qui prend sa source à Saint-Pierre-du-Val, se jette dans la Seine au-dessous de Grestain.

Le *ruisseau de Jobbes* a son origine à Fatouville.

La *Morelle* (10 kil.), formée de trois sources dont deux sont situées dans le canton de Beuzeville et une (la plus forte) sur le territoire de Quetteville (Calvados), sépare le département de l'Eure de celui du Calvados, reçoit les *ruisseaux d'Équainville et du Morez*, baigne Équainville, et se jette dans l'estuaire de la Seine à Fiquefleur.

La **Touques** (108 kilomètres) ne touche pas le département de l'Eure ; son point le plus rapproché en est à 8 kilo-

Pont-Audemer.

mètres environ à vol d'oiseau. Elle naît près du Merlerault (Orne), baigne, dans le département du Calvados, Lisieux et Pont-l'Évêque, et tombe dans la Manche à Trouville. — Le département de l'Eure envoie à la Touques un affluent, la *Calonne* (40 kilomètres), qui naît, à Fontaine-la-Louvet, d'une source très remarquable par sa limpidité et son abondance, baigne Fontenelle, Bailleul, Saint-Jean-d'Asnières,

Cormeilles, entre dans le Calvados, et tombe dans la Touques (rive droite) à Saint-Melain, près de Pont-l'Évêque.

La Seine, l'Andelle, l'Eure et la Rille sont navigables ; l'Iton et le Rouloir sont flottables.

IV. — Climat.

Deux causes principales assurent à l'Eure un climat tempéré : le voisinage de la mer et le peu d'élévation du sol. Plus un pays est voisin de l'Océan, plus la température y est douce et égale. L'Eure n'a pas de montagnes, et l'on sait que plus un pays est élevé au-dessus du niveau de la mer, plus il y fait froid. Ce département fait partie de la zone où règne le *climat séquanien* ou *parisien*, ainsi nommé parce qu'il se fait sentir dans le bassin de la Seine (en latin, *Sequana*), et particulièrement à Paris. Ce climat a pour caractère général d'être modéré, sans grands froids, sans chaleurs extrêmes, mais en même temps il est humide et variable.

La température moyenne annuelle du pays (10°,9) est un peu plus forte que celle de Paris (10°,6). Le thermomètre y monte rarement au-dessus de + 26° ; rarement aussi il descend au-dessous de — 9°. On compte, en moyenne, chaque année, 118 jours de pluie (surtout à l'automne), 16 d'orages et 22 de brouillards. La neige, qui tombe ordinairement aux mois de janvier et de février, fond rapidement. L'arrondissement de Pont-Audemer est celui où, en hiver, le froid est le plus vif. Si toute l'eau tombée du ciel pendant l'année n'était ni absorbée par le sol ni vaporisée par le soleil, on recueillerait dans les douze mois une nappe d'eau profonde de 650 millimètres.

V. — Curiosités naturelles.

Les vallées du département de l'Eure se distinguent généralement par la beauté de leurs prairies, de leur verdure et de leurs eaux vives ; mais on ne peut guère citer comme cu-

riosités naturelles proprement dites que les pertes de la
Rille, de l'Avre et de l'Iton (*V.* chap. III), rivières qui dis-
paraissent sous terre pendant plusieurs kilomètres. Quelques
ifs, indiqués, du reste, dans le *Dictionnaire des communes*,
sont remarquables par la grosseur de leurs proportions.
Enfin de gracieuses cascades avoisinent le vieux château de
Radepont. Des hauteurs qui dominent la Seine, et notamment
de la Pointe de la Roque et des environs de Conteville, on
découvre de magnifiques panoramas.

VI. — Histoire.

Le département de l'Eure était habité, avant la conquête
romaine, par les *Aulerci Eburovices* (les Aulerques d'Évreux
et de Louviers), et les *Veliocasses* du Vexin Normand (arrondissement des Andelys), tous deux compris dans la Belgique,
l'une des trois grandes divisions de la Gaule. Les *Lexovii*,
habitants du pays de Lisieux, qui s'étendaient jusqu'aux bords
de la Rille et dépendaient de la Gaule Celtique, occupaient
presque tout l'arrondissement de Bernay et une portion de
celui de Pont-Audemer. Une autre partie de ce dernier arrondissement, appelée le Roumois, était habitée par un autre
peuple, étranger aux précédents. Ces peuples, dont les gou-
vernements étaient assez mobiles, suivant la prépondérance
des partis, se trouvaient, au moment de la conquête, consti-
tués en républiques dont les chefs étaient un sénat, des che-
valiers et des Druides.

L'histoire de ces peuples est peu connue avant l'arrivée de
César. Les Éburovices figurent parmi les bandes qui suivirent
Bellovèse dans son invasion en Italie. Leur capitale était *Me-
diolanum Aulercorum* (Évreux), dont l'emplacement primitif était peut-être au Vieil-Évreux, et qui fut appelée plus
tard, de leur nom, *Ebroïca.*

57 ans avant Jésus-Christ, Publius Crassus, lieutenant de
César, envahit la Gaule Celtique. Les sénateurs des Éburovices
et des Lexoviens, qui avaient embrassé le parti des Romains,

furent massacrés par le peuple, puis, en 56, les guerriers allèrent s'unir aux Armoricains et attaquer Titurius Sabinus, lieutenant de César, qui les battit. Cinq ans après, les Éburovices et leurs voisins se joignirent au chef arverne Vercingétorix; mais celui-ci fut vaincu à Alise, et l'indépendance gauloise périt avec lui (an 51).

Sous Auguste, les pays qui forment le département de l'Eure furent compris dans la province Lyonnaise. Plus tard, ils dépendirent de la seconde Lyonnaise. Au quatrième siècle après Jésus-Christ, la métropole de cette province était Rouen; Évreux était l'une des six cités qui en dépendaient.

Ces peuples s'assimilèrent facilement la civilisation romaine, et il existe encore sur plusieurs points des vestiges des établissements du temps de l'Empire. On cite, parmi les plus importants, Évreux, Pont-de-l'Arche, Brionne, Radepont, Berthouville.

Des routes nombreuses sillonnaient le pays; on connaît celles d'Évreux à Mantes, à Condé et à Dreux; d'Évreux à Lillebonne, par Brionne et Aizier; de Lillebonne à Lisieux, par Pont-Audemer et Cormeilles; de Brionne à Lisieux, à Cormeilles et à Orbec; de Lisieux à Condé, Dreux, Chennebrun et Rugles.

Le christianisme fut prêché chez les Veliocasses (le Vexin), à la fin du second siècle, par saint Nicaise, qui, en se rendant de Rouen à Paris, fut martyrisé à Écos. A la fin du quatrième siècle, saint Taurin, devenu le premier évêque d'Évreux, convertit le gouverneur romain et une partie du peuple. Des monastères s'élevèrent dans les siècles suivants; les moines, dotés de grands domaines qu'ils défrichèrent, donnèrent asile dans leurs maisons aux lettres et aux sciences, dont la culture était abandonnée. Parmi ces monastères, on compte celui de Saint-Taurin, à Évreux (660), celui de Saint-Ouen, puis de Saint-Leufroi (725), l'abbaye de femmes des Andelys, fondée par sainte Clotilde. L'arrondissement des Andelys dépendait alors du diocèse de Rouen, et celui de Pont-Audemer des évêchés de Lisieux et de Rouen.

L'invasion des Barbares à la fin du quatrième siècle ruina le pays des Éburovices, comme le reste de la seconde Lyonnaise, et Évreux fut détruit. En 497, Clovis arrive à son tour avec ses Francs et s'empare de la province qui devint plus tard la portion principale de la Neustrie.

Après la mort de Clovis, sous Childebert Ier (511), cette contrée fit partie du royaume de Paris et de Neustrie. Caribert puis Chilpéric possédèrent le Vexin et le pays des Aulerques. Dagobert, reconnu roi d'Austrasie et de Neustrie, habita plusieurs fois Étrépagny, de même que ses successeurs, qui avaient aussi des *villas* à Notre-Dame-du-Vaudreuil et à Neaufles.

Sous les Carlovingiens, les Normands, qui devaient donner plus tard leur nom aux pays de la Basse-Seine, remontent ce fleuve sur leurs longues barques et en ravagent sans pitié les deux rives. En l'an 844, Rouen et son diocèse, et les pays du département actuel de l'Eure situés sur la rive droite de la Seine sont pillés. Le diocèse et la ville d'Évreux deviennent aussi victimes des Barbares. Des conciles où assistèrent Gombault, archevêque de Rouen, et Guntbert, évêque d'Évreux, se tinrent à Paris, en 847 et 855, pour remédier à ces malheurs. En 864, Charles le Chauve éleva une forteresse à Pont-de-l'Arche et fit construire un pont sur la Seine pour barrer le passage aux barques des Normands. Afin de l'aider à contenir les pillards, l'empereur convoqua dans son palais de Pistes (aujourd'hui Pîtres) les principaux personnages du royaume ; ce fut dans cette importante assemblée qu'il ordonna aux seigneurs de bâtir des châteaux forts, jetant ainsi les bases de la féodalité, car les seigneurs ne manquèrent pas de se servir de leurs forteresses pour assurer leur hérédité et leur indépendance.

Quelques années après, de nouvelles bandes, conduites par le célèbre Rollon, remontèrent le fleuve, et, après avoir pillé Jumièges, Rouen, et battu les troupes royales à Pont-de-l'Arche, allèrent assiéger Paris. Pendant ce long siège, Rollon dirigea une expédition sur Évreux et s'empara de cette ville, dont il massacra les habitants (892). Après une occupation plus ou moins complète de la Neustrie, Rollon, qui avait fait de Rouen sa capitale, força le roi Charles le Simple à lui offrir la paix. Par le traité de Saint-Clair-sur-Epte, il fut reconnu maître de tous les pays de la Neustrie qui s'étendent au nord de la Seine depuis l'Epte et l'Andelle, et de tous les territoires au midi de ce fleuve situés entre la Bretagne, le Maine et l'Océan (911). Rollon épousa en même temps Gisèle, fille de Charles le Simple, reçut le baptême, et prit le titre de duc de Normandie. Il rétablit ensuite par sa bonne administration l'ordre et la sécurité dans les campagnes.

A la mort du fils de Rollon, Guillaume Longue-Épée, dont le fils Richard était encore mineur, le roi Louis d'Outre-Mer poussa Hugues le Grand, comte de Paris, à s'emparer de la Normandie. Celui-ci prit Évreux (943), et la livra au roi, qui fut bientôt forcé de rendre cette ville au duc Richard à charge d'hommage (946). Prise de nouveau par Thibaud, comte de Champagne, en 962, Évreux fut reprise bientôt après par les Normands, aidés d'une armée de Danois qui avaient remonté la Seine. Richard la donna, en 989, avec son diocèse tout entier, à son fils naturel, qu'il fit nommer la même année archevêque de Rouen. Ainsi fut constitué le puissant comté d'Évreux, qui appartint de 1118 à 1200 à la famille française de Montfort-l'Amaury, fut réuni à la couronne par Philippe Auguste, donné en apanage en 1307 par Philippe le Bel à son frère Louis et à ses descendants, et revint, en 1404, aux rois de France, qui en firent encore à diverses reprises des apanages pour leurs fils puînés ou leurs frères.

Des guerres et des calamités de toutes sortes, mais locales, signalèrent dans les pays de l'Eure presque toute la durée du onzième siècle; mais l'histoire de cette province prend une importance générale lorsque, en l'année 1066, un duc de Normandie, vassal du roi de France, Guillaume le Bâtard, appelé depuis le Conquérant, se fut emparé de l'Angleterre. A dater de cette époque, la Normandie devint un fief, une province des pays d'outre-mer, et ses frontières du côté de la France furent ainsi des frontières nationales

Ce fut véritablement sur ces frontières, et plus particulièrement dans la vallée de l'Epte, que prit naissance la
longue et funeste rivalité de la France et de l'Angleterre,
rivalité huit fois séculaire que seule notre époque a vue
s'éteindre pour jamais. La Normandie fut naturellement le
premier objet de compétition entre les deux royaumes.
Les rois de France ne pouvaient la laisser de bon gré à
leurs vassaux, désormais plus puissants qu'eux-mêmes

Ruines du château de Gisors.

et qu'il importait d'éloigner. Les rois d'Angleterre ne vou-
laient point se résoudre à abandonner un si beau pays, dont
ils préféraient le séjour à celui de Londres, et qu'ils espé-
raient arrondir par de nouvelles acquisitions sur le continent.
Aussi vit-on bientôt ces derniers garnir de redoutables forteresses les marches de Normandie. Sur la rive droite de l'Epte
s'élevèrent les donjons de Neaufles, de Dangu, de Château-
sur-Epte. En 1096, Guillaume le Roux, fils de Guillaume

le Conquérant, suzerain de la Normandie que posséda un instant son frère Robert Courte-Heuze, appela à lui le célèbre Robert de Bellesme, le plus habile ingénieur militaire de son temps, et le chargea de reconstruire la forteresse de Gisors, qui fut pendant près d'un siècle la clef de la Normandie et le point sur lequel se concentrèrent les efforts des princes rivaux. En 1110, cette place fut l'occasion d'une prise d'armes assez sérieuse entre le roi Henri Ier d'Angleterre et le roi capétien Louis VI. Henri fut battu, mais la ville tint bon, et une paix fragile, onéreuse pour le roi de France, y fut signée en 1114.

La moindre étincelle devait rallumer un incendie si mal éteint. N'osant pas encore revendiquer la Normandie pour lui-même, le roi de France ne voulait pas du moins qu'elle restât au pouvoir de la main qui possédait l'Angleterre; il cherchait à y placer des seigneurs disposés à porter leur hommage à Paris plutôt qu'à Londres. C'est pourquoi Louis le Gros soutint en 1116 les prétentions de Guillaume Cliton sur le duché de Normandie, et deux ans plus tard celles d'Amaury de Montfort sur le comté d'Évreux. Henri Ier vint mettre le siège devant Évreux; mais, ne pouvant la prendre d'assaut et n'osant attendre le résultat d'un blocus parce que son ennemi approchait, il résolut de la brûler. L'évêque d'Évreux, qui était dans son camp, lui en donna la permission en ce qui touchait les églises, pourvu qu'il s'engageât à les rebâtir de ses deniers. Il fut fait ainsi; les habitants éperdus s'enfuirent dans les campagnes; toutefois cette cruauté devait être inutile, car les flammes n'atteignirent point le château, et le roi d'Angleterre fut obligé de lever le siège pour se porter à la rencontre des Français qui venaient de s'emparer de Gisors et des Andelys. Les deux armées se rencontrèrent, le 20 août 1119, près de la ferme de Brenneville ou plutôt de Brémule, près de Gaillardbois. Louis le Gros courut les plus grands dangers. Un archer anglais saisit la bride de son cheval en s'écriant : « Le roi est pris ! » — « Ne sais-tu pas, répondit ce dernier, qu'au jeu des échecs on ne prend jamais

Évreux.

le roi ? » — Et de sa hache il pourfendit la tête de son impru-
dent agresseur. Ce trait de sang-froid ne sauva que sa per-
sonne : ses troupes furent vaincues, et il fallut signer à Gisors
un nouveau traité qui, en garantissant aux Montfort le comté
d'Évreux, conservait la Normandie à l'Angleterre.

Henri Ier fit augmenter les fortifications de Gisors, et, ju-
geant encore cette ville trop exposée, en construisit une
nouvelle sur les bords de l'Avre, la ville de Verneuil. Il mit
aussi en bon état de défense les places intérieures de la
Normandie, car, outre la guerre étrangère, il avait à craindre
les révoltes de ses vassaux et de ses sujets, qui l'aimaient peu
et dont plusieurs faisaient des vœux pour la domination française. Un soulèvement eut lieu, en effet, en 1123, en faveur
du prétendant Guillaume Cliton ; il fut mal soutenu par Louis
le Gros qui ne put prendre Gisors, et facilement comprimé par
le roi d'Angleterre, qui, en accordant un généreux pardon au
comte Amaury de Montfort, l'un des seigneurs rebelles, l'attacha
à sa cause et affaiblit d'autant les forces du roi de France.

Les guerres féodales et les guerres nationales continuèrent
encore sous le roi Louis VII (1137-1180) et sous les ducs
normands Étienne de Blois (1155-1144), qui fut roi d'Angleterre, Geoffroi Plantagenet (1144-1150), et Henri II (1151-
1189), qui devint roi d'Angleterre en 1154. Mais, peu favo-
rables à la France ou au parti français, elles n'eurent point
de résultat. Il en fut bien autrement sous Philippe Auguste.
Dès son avènement, ce prince fit de la conquête de la Normandie la préoccupation capitale de son règne, presque le but
de son existence. Pour elle il se montra avare envers les
églises, envers ses amis et envers lui-même, afin d'augmenter
ses trésors et subvenir ainsi largement aux frais de ses campagnes et à la construction de ses forteresses. Il trouva dans
Richard Cœur-de-Lion, de 1189 à 1199, un rival digne de
lui. Ces deux princes possédaient à fond et employaient habi-
lement toutes les connaissances militaires de leur époque ;
aussi l'histoire de leurs luttes est-elle une des plus intéressantes de toutes nos annales. Il y avait toutefois entre eux

quelques différences. Si le roi anglais s'entendait mieux à
construire les forteresses, le roi de France savait mieux les
enlever; aussi la guerre eut vite tourné à son avantage.

Il y eut d'abord des alternatives de succès et de revers.
Un instant, les deux rois firent trêve à leur querelle, et, par
le traité de Nonancourt, à la fin de 1189, s'engagèrent à partir
ensemble pour la troisième croisade. Pendant l'absence de
Richard, qui, à son retour, avait été retenu deux ans prisonnier en Allemagne, son frère Jean Sans-Terre administrait la
Normandie. Philippe, connaissant le caractère peu scrupuleux
de ce prince, promit de l'aider à monter sur le trône d'Angleterre au détriment de Richard, et il fut conclu entre eux un
traité qui donnait à la France Évreux, tout le Vexin Normand,
les places de Verneuil et de Gisors. Le traité fut exécuté, sauf
pour Verneuil, qui ne voulut pas se rendre. A la première
nouvelle de l'arrivée de Richard, la garnison française d'Évreux
fut traîtreusement massacrée. Philippe quitta pour la venger
le siège de Verneuil, et pendant qu'il punissait cruellement
les auteurs de ce crime, un secours arriva dans la ville assié-
gée, et il fallut momentanément renoncer à la prendre. Le roi
de France parvint cependant, par le traité de Louviers,
en 1196, à garder Gisors et à se faire céder quelques autres
villes, les places de la rive droite de l'Epte et tout le Vexin
Normand. Ce fut pour garantir ses frontières, mises à décou-
vert par cet arrangement, que Richard augmenta les fortifications féodales de Radepont et fit construire sur des plans
nouveaux, au sommet d'une colline escarpée dominant le
Petit-Andely, un château qui, de sa belle apparence et de sa
solidité, reçut le nom de *Château-Gaillard*. Cette forteresse,
la mieux disposée et la plus considérable qui eût été construite jusqu'alors au moyen âge, commencée en 1197, était
achevée en 1198 ; aussi le roi d'Angleterre s'écria-t-il en
en prenant possession : « Quelle est belle, ma fille d'un an! »
Philippe Auguste s'abstint de l'attaquer durant la vie de Richard; mais, après la mort du prince normand, à qui succéda
Jean Sans-Terre, le roi de France n'hésita point à marcher

sur Radepont, qu'il enleva, puis sur le Château-Gaillard, dont il dirigea l'attaque avec beaucoup d'habileté, et dans lequel il pénétra par la brèche, après quelques semaines d'investissement.

Philippe Auguste était déjà de fait le maître de presque toute la Normandie, lorsque, en 1205, Jean Sans-Terre lui fournit l'occasion inattendue de s'en déclarer le légitime possesseur. Jean avait un neveu, le jeune Arthur, qui devait hériter du duché de Bretagne et avait quelques droits sur le trône d'Angleterre. Pour écarter ce rival, il le fit mourir en prison, où, suivant la rumeur publique, il le poignarda de sa propre main. Philippe, dont il était le vassal pour ses possessions françaises, l'ajourna à comparaître à Paris devant ses pairs, et, sur son refus, le déclara déchu de tous ses droits aux provinces de Normandie, d'Anjou, du Maine et de Touraine. L'indignation générale enleva au roi d'Angleterre tous ses appuis, et la conquête de ces contrées fut rapide.

Enfin, après trois ou quatre siècles de luttes, la Normandie allait goûter quelque repos. Le treizième siècle fut un temps de prospérité pour les pays de l'Eure. Partout se fondèrent des villages, et l'agriculture prit un grand développement. Il y avait alors des foires importantes à Louviers, à Breteuil, à Évreux, aux Andelys et à Vernon. Sept conciles provinciaux se tinrent à Pont-Audemer (1252 à 1321). Des écoles furent établies, même dans les villages ; on en voit à Pont-de-l'Arche en 1281, à Gisors en 1336.

Cette heureuse période ne dura qu'un siècle et demi. La seconde phase de la rivalité anglo-française, la guerre de Cent-Ans, ramena, en 1346, les Anglais en Normandie. Les campagnes furent dévastées, les villes ouvertes saccagées. Après les batailles de Crécy, en 1346, et de Poitiers, en 1356, fatales à la France, les Anglais trouvèrent dans le comte d'Évreux, Charles le Mauvais, un homme bien disposé à les soutenir. Charles le Mauvais est une des figures les plus odieuses de notre histoire. Héritier du comté d'Évreux du chef de son père, du royaume de Navarre du chef de sa mère, comblé de biens

Château-Gaillard, aux Andelys.

par le roi Jean le Bon, qui lui donna sa fille aînée en mariage, il passa toute sa vie à trahir ses amis, joignant à la félonie les plus indignes cruautés. En 1354, il assassina le connétable Charles d'Espagne, fut incarcéré en 1356 à cause de ses intelligences avec les Anglais, réussit à s'échapper, et porta l'anarchie jusqu'au sein même de la capitale. En 1364, il profita du moment où Charles V était à Reims pour se faire sacrer, et envoya sur Paris une armée composée en partie d'Anglais et commandée par son cousin, le féroce Jean de Grailly. Mais Du Guesclin veillait; il marcha à la rencontre des envahisseurs et les battit sur la rive gauche de l'Eure, à l'est d'Évreux, près du hameau de Cocherel. Charles le Mauvais demanda la paix, que le roi de France eut la faiblesse de lui accorder sans conditions; une tentative d'empoisonnement, heureusement découverte, fut toute sa récompense. Le roi irrité fit attaquer les places du comté d'Évreux, dont la capitale, ayant voulu résister, fut prise d'assaut et livrée aux flammes. Au commencement du quinzième siècle, la guerre civile des Armagnacs et des Bourguignons amena de nouveau les Anglais en Normandie. En 1418, les villes d'Évreux, de Verneuil, de Bernay, de Pont-Audemer, de Pont-de-l'Arche et de Louviers furent prises. A Louviers, 120 bourgeois furent mis à mort. Près de Verneuil fut livrée, en 1424, une grande et terrible bataille où les Français perdirent 6,000 hommes, et qui fortifia la situation prépondérante des Anglais.

L'apparition de Jeanne d'Arc changea la marche des évènements, et, malgré le martyre de la Pucelle à Rouen, les Anglais furent arrêtés dans le cours de leurs succès. La lutte dura longtemps encore en Normandie, et Charles VII dut livrer de nombreux combats pour les chasser du pays. En 1448, le roi y fit entrer quatre corps d'armée et se rendit maître successivement de Verneuil, de Dangu, de Gournay, de Gisors, de Bernay, de Pont-de-l'Arche et de Pont-Audemer. Le Château-Gaillard résista longtemps, mais finit par se rendre. La bataille de Formigny (1450) acheva d'abattre la puissance anglaise en France.

La fin du règne de Louis XI fut un temps de paix pour les pays de l'Eure. Évreux reçut de ce prince une organisation municipale composée d'un maire et d'échevins. En 1467, Louis XI fit décapiter Charles de Melun, son lieutenant-général; l'exécution eut lieu au Petit-Andely.

L'industrie se releva grâce à la paix; on cite déjà à cette époque les fabriques de toiles et d'étoffes de Louviers, les tanneries de Pont-Audemer et de Gisors.

Au milieu du seizième siècle, les guerres de religion troublèrent à leur tour la prospérité du pays. A cette époque fut établi pour toute la Normandie, dans le couvent des Frères Prêcheurs d'Évreux, le tribunal de l'Inquisition contre les hérétiques. Mais cette institution, qui excita une réprobation générale, cessa bientôt de fonctionner.

Le prince de Condé s'empara de Rouen en 1562 et en chassa le Parlement, qui se retira à Louviers. Des bandes de huguenots parcoururent la contrée de l'Eure et la saccagèrent. Évreux fut attaqué par Coligny, qui ne put s'en rendre maître (1562). Bernay fut pris, et les prêtres y furent massacrés. Charles IX, profitant de la paix qui régnait dans le Vexin, vint s'y retirer dans le château de Charleval, qu'il s'était fait bâtir à la lisière de la forêt de Lyons.

Évreux prit parti pour la Ligue, à l'exemple de son évêque Claude de Saintes. Ses habitants marchèrent en armes contre les châteaux d'Harcourt, du Neubourg et de Conches, qui tenaient pour le parti du roi, et les prirent (1590); mais bientôt les portes de ces châteaux furent ouvertes au maréchal de Biron, comme celles de Gisors, Louviers, Étrépagny et des Andelys à d'autres officiers d'Henri IV. Bernay ne s'était rendu qu'après deux assauts et fut pillé. Nonancourt eut le même sort, et plusieurs habitants furent tués.

Le 14 mars 1590, Henri IV livra aux Ligueurs du duc de Mayenne, sur le territoire du département de l'Eure, la célèbre bataille d'Ivry. Il avait 8,000 hommes d'infanterie, 2,500 cavaliers, 4 canons et 2 couleuvrines. Les troupes de son adversaire étaient composées de 3,500 chevaux et de 15,000 fantassins, avec 4 canons. Le duc de Mayenne fut complètement battu ; un quart à peine de son armée parvint à s'échapper. Ce ne fut pas seulement comme habile capitaine et vaillant guerrier qu'Henri IV se signala à Ivry ; l'homme s'y manifesta aussi prompt aux émotions morales, aussi généreux, aussi affectueux que le roi fut prévoyant et hardi. Avant l'action, il parcourut tout le front de son armée, pour exhorter ses troupes. En passant devant son propre escadron, Henri s'arrêta : « Mes compagnons, dit-il, si vous courez aujourd'hui ma fortune, je cours aussi la vôtre. Je veux vaincre ou mourir avec vous. Gardez bien vos rangs, je vous prie. Si la chaleur du combat vous disperse un moment, hâtez-vous de vous rallier entre ces trois poiriers que vous voyez là-haut, à ma droite, et si vous perdez vos enseignes, ne perdez pas de vue mon panache blanc; vous le trouverez toujours au chemin de l'honneur, et j'espère aussi de la victoire. »

La paix rétablie en France par la haute intelligence d'Henri IV, aidé de Sully, ne fut plus guère troublée dans les pays de l'Eure. Cependant la Fronde y eut des partisans, et Évreux ouvrit ses portes au duc de Longueville, gouverneur de Normandie, qui avait engagé plusieurs autres villes, et entre autres Vernon, les Andelys, Pont-Audemer, Quillebeuf, à embrasser la cause des princes. Mais le duc d'Harcourt fit rentrer le pays dans l'ordre et brûla Quillebeuf (1650).

Sous les règnes de Louis XIV, de Louis XV et de Louis XVI, jusqu'en 1789, les pays de l'Eure jouirent d'une paix complète, dans laquelle l'histoire n'a à enregistrer que les famines de 1683 et 1709.

Le territoire du département de l'Eure comptait avant 1789, pour l'exercice de la justice, les grands bailliages d'Évreux et de Gisors, 14 bailliages secondaires et un grand nombre de bailliages seigneuriaux. Il relevait directement du parlement de Normandie. Pour l'administration et les finances, il dépendait de la généralité de Rouen pour les deux tiers, et de celle d'Alençon pour l'autre tiers.

La Révolution de 1789 fut accueillie dans l'Eure comme

une réforme nécessaire. Parmi les députés à l'Assemblée
nationale. on compta Thomas Lindet, curé de Bernay, depuis
évêque constitutionnel de l'Eure. et Buzot, avocat à Évreux.
Des troubles éclatèrent alors, surtout à Vernon, à l'occasion
des subsistances.

En 1792, la détresse augmenta encore, et de nouveaux
désordres se produisirent à Lyre, à Breteuil et à Rugles.
5,000 hommes, du canton de Breteuil, assaillirent, le 5 mars,

Henri IV à Ivry.

la ville de Verneuil et taxèrent le blé à 25 livres; le lendemain, ils firent de même à Damville et au Neubourg. Évreux,
aussi menacée, se mit en défense.

Bientôt la division qui régnait à Paris partagea aussi les
citoyens de l'Eure. Le directoire du département soutenait le
roi, tandis que le parti des Jacobins l'emportait parmi le
peuple. Buzot joua un grand rôle à la Convention lors du
jugement de Louis XVI, mais il fut proscrit ensuite avec les

Girondins. Il se retira à Évreux et poussa ses concitoyens à
s'armer pour marcher contre les Jacobins, tandis que les
dix-huit députés girondins retirés à Caen essayaient d'organi-
ser la résistance. L'avant-garde de leur armée, sous le com-
mandement de Puisaye, se dirigea sur Évreux, où elle fut bien
accueillie, et d'où elle entreprit de marcher sur Vernon. À
cette nouvelle, la Convention envoya une colonne conduite
par Robert Lindet, avec son chef de brigade Humbert.
Les soldats de Puisaye, surpris pendant la nuit à Brécourt
(commune de Douains), ne résistèrent pas et s'enfuirent.
Cette affaire fut appelée « la bataille sans larmes. » Évreux
rentra au pouvoir de la Convention.

La mort des Girondins fut la conséquence de cette malheu-
reuse prise d'armes ; des arrestations et quelques exécutions
eurent lieu à Pont-Audemer et à Évreux. Roland, réfugié à
Rouen, se tua sous un arbre, à Bourg-Beaudoin, en appre-
nant la condamnation de sa femme. Les officiers mu-
nicipaux de Conches, emmenés prisonniers à Paris, ne durent
leur salut qu'à la chute de Robespierre. Une jeune fille,
Eulalie Savard, qui s'était dévouée pour les sauver et qui
avait été arrêtée, eut comme eux la vie sauve.

La chouannerie compta des partisans dans l'Eure ; mais les
chouans posèrent les armes après que M. de Frotté, leur chef,
eut été fusillé à Verneuil (1800).

La paix, rétablie en France par le Premier Consul, fit re-
naître la prospérité dans les pays de l'Eure.

En 1870, l'invasion allemande vint de nouveau troubler la
prospérité dont le pays jouissait alors depuis trois quarts de
siècle. Après l'occupation de Mantes et de Beauvais par les
Allemands, à la fin de septembre, le département de l'Eure
se vit bientôt menacé.

L'histoire des combats et des escarmouches avec l'ennemi,
pour la défense du département, n'offre qu'une triste série de
résistances partielles et infructueuses. Malgré le courage des
gardes mobiles de l'Eure, des bataillons de l'Ardèche et des
gardes nationales de plusieurs villes, Gisors, Pacy, Vernon

étaient occupés dans les premiers jours de novembre, et l'ennemi approchait d'Évreux le 19. Le général de Kersalaun, qui y commandait, fit évacuer la ville par ordre supérieur, et occuper Conches, Louviers et Bernay, dans le but de défendre la ligne de la Rille et de couvrir Serquigny, où était la seule ligne de la voie ferrée qui reliât encore le sud au nord de la France ; cette mesure amena sa disgrâce. L'ennemi envahit alors le département dans sa partie sud-est, et le sillonna jusqu'à Évreux par des patrouilles et des reconnaissances.

Des engagements eurent lieu ensuite à Vernon, d'où les Prussiens furent repoussés ; Évreux fut dégagé. Les Allemands durent évacuer la forêt de Bizy. Le général Briand réoccupa Évreux et Vernon, et résolut de faire évacuer Gisors. Les 29 et 30 novembre eut lieu l'affaire d'Étrépagny, où nos soldats se comportèrent vaillamment ; mais le général Briand, qui menait l'attaque et qui avait disposé une marche générale sur Gisors, ne put y réussir malgré ce succès. Étrépagny fut l'objet de lâches vengeances de la part de l'ennemi, et 60 habitations devinrent la proie des flammes.

Bientôt après, l'occupation de Rouen, le 6 décembre, amena la cessation de la résistance dans l'Eure, malgré les efforts héroïques des gardes nationaux de Vernon aux abords de la forêt de Bizy, à Bléru et à Réanville, le combat de Bourgtheroulde (4 janvier) où se signalèrent les mobiles de l'Eure, et le département resta occupé jusqu'à la paix.

Citons cependant un dernier acte de courage, celui des 500 gardes nationaux de Bernay, qui, le 21 janvier 1871, osèrent marcher, sans appui de troupes régulières, contre le général de Bredow, sur la route de Broglie, et qui l'arrêtèrent jusqu'au soir. La ville, occupée le lendemain, eut à subir une contribution de guerre de 100,000 francs.

VII. — Personnages célèbres.

Onzième siècle. — SAINT ADJUTOR, né à Vernon (milieu du onzième siècle), prit part à la première croisade ; mort près de Vernon. — Hellouin, né à Bonneville-sur-le-Bec, fondateur de l'abbaye du Bec (fin du dixième siècle à 1078). — Guillaume de Poitiers, chroniqueur, né à Préau, auteur d'une *Histoire de Guillaume le Conquérant*.

Douzième siècle. — Guillaume de Conches, grammairien et philosophe scolastique célèbre, mort vers l'an 1150. — Le trouvère Alexandre, dit de Paris, quoique né à Bernay ; on lui attribue l'invention du vers alexandrin.

Treizième siècle. — Beaulieu (Geoffroi de), né dans le diocèse d'Évreux ; prédicateur et confesseur de saint Louis.— Gui d'Evreux, né au Mesnil, prédicateur éloquent, membre de l'ordre de Saint-Dominique.

Quatorzième siècle. — Marigny (Enguerrand le Portier de), né à Lyons-la-Forêt ; surintendant et principal ministre du roi Philippe le Bel ; condamné à mort sous prétexte d'exactions (1260-1315).

Quinzième siècle. — Cantiers (Guillaume de), né à Cantiers, évêque d'Évreux, député aux conciles de Pise et de Constance. Massacré dans une émeute à Paris, en 1418. — Gamaches (le maréchal de), né au château de Gamaches (quinzième siècle); s'est distingué dans les guerres contre les Anglais.

Seizième siècle. — Annebault (Claude d'), né au château d'Annebault ; maréchal de France, ambassadeur de François Ier (fin du quinzième siècle au seizième). — Annebault (Jacques), frère du précédent, cardinal. — Fillon (Arthur), né à Verneuil, curé de Saint-Maclou de Rouen, orateur éminent (quinzième siècle-1526). — Turnèbe (Adrien de), né aux Andelys. Célèbre professeur de philologie grecque et latine au Collège de France (1512-1565). — Simon Vigor, prédicateur, archevêque de Narbonne, né vers 1545 à Évreux, mort en 1575.

Dix-septième siècle. — La Vigne (Michel de), né à Vernon en 1588, savant médecin de Louis XIII, doyen de la Faculté de Paris. — Poussin (Nicolas), né au hameau de Villers, un des plus grands peintres de l'école française (1594-1665)·

— Benserade (Isaac de), né à Lyons-la-Forêt (1612-1691) , bel esprit poëte, membre de l'Académie française. — Pierre Letellier, peintre, neveu et élève de Poussin, né à Vernon (1614-1702). — L'abbé de Chaulieu (Guillaume-Anfrye), célèbre par ses poésies anacréontiques, né au château de Beauregard, commune de Fontenay, mort à Paris en 1720.

Dix-huitième siècle. — Chambray (Jacques-François de), né à Évreux, vice-amiral de l'ordre de Malte, vainqueur des Turcs dans plusieurs batailles (1687-1756).—Cousin (Charles-Guillaume), né à Pont-Audemer, sculpteur célèbre (1707-1783). — Liberge de Granchain (G.-Jacques-Constant), né à Granchain, capitaine de vaisseau, savant géographe (1744-1805). — Lemasson (François), né à la Vieille-Lyre, sculpteur éminent (1747-1807). — Massieu (J.-B.), évêque constitutionnel de l'Eure, conventionnel, né à Vernon en 1742, mort en exil en 1818. — Lindet (Thomas), né en 1743 à Bernay, fut évêque constitutionnel de l'Eure, membre de la Convention, abandonna les fonctions ecclésiastiques et mourut exilé en 1823.—Lindet (J.-B. Robert), frère du précédent, né à Bernay, avocat, membre de la Convention (1750-1825). — Louis-Pierre Siret (1745-1797), grammairien, né à Évreux.—Buzot (Fr.-Léonard-Nicolas), né à Évreux en 1760, avocat et député aux États généraux et à la Convention, l'un des chefs de la Gironde, trouvé mort avec Pétion près de Bordeaux, fuyant la poursuite de leurs ennemis (1793). — Lacroix (J.-F. de), conventionnel, né à Pont-Audemer en 1754, siégea parmi les Montagnards et mourut sur l'échafaud en 1794. — Blanchard (Jean-Pierre), né au Petit-Andely , célèbre aréonaute, inventeur du parachute, fit 60 ascensions dans toute l'Europe (1755-1818).— Le Carpentier, né à Pont-Audemer, peintre (1750-1822).

Dix-neuvième siècle. — Eude (Jean-François), né à Pont-Audemer, savant magistrat, premier président de la cour d'appel de Rouen (1759-1841). — Richard-Lenoir, chevalier de la Légion d'honneur, né à Épinay-sur-Odon, grand industriel, propagateur de la filature et du tissage du coton, employa jusqu'à 20,000 ouvriers (1765-1839). — Dupont *de l'Eure* (Charles-Gabriel), né au Neubourg (1767-1855), magistrat, président du gouvernement provisoire en 1848. — Blanmont (Marie-Pierre-Isidore, le baron de), né à Gisors (1770-1846), lieutenant-général. Sa ville natale lui a érigé une statue. — Duchesne (J.-B.-Joseph), né à Gisors, peintre et miniaturiste renommé (1770-1856). — Hyacinthe Langlois (1777-1837), dessinateur et graveur, né à Pont-de-l'Arche.— Fouquet (Philémon), né à Rugles (1786-1855), grand industriel. — Le Prévost (Auguste), né à Bernay, savant archéologue, surnommé *le Pausanias normand* (1787-1859). — Fresnel (Augustin-Jean), né à Broglie (1788-1827), savant mathématicien, membre de l'Académie des sciences, l'inventeur des phares lenticulaires qui ont rendu tant de services à la navigation. — Vatisménil (A.-Fr.-Henri Lefèvre de), né à Sainte-Marie-de-Vatisménil (1789-1860), savant avocat, député et ministre sous la Restauration. — Broglie (Victor duc de), né au château de Broglie, membre de l'Académie française, grand'croix de la Légion d'honneur, ministre d'État ; mort en 1870. — Dreux-Brézé (Scipion, marquis de), né aux Andelys (1793-1845), officier de cavalerie, pair de France. — Germain Delavigne (1790-1863), auteur dramatique, frère de Casimir Delavigne, né à Giverny.

VIII.—Population, langue, culte, instruction publique.

La *population* du département de l'Eure s'élève, d'après le recensement de 1876, à 373,629 habitants (185,376 du sexe masculin, 188,253 du sexe féminin). Sous ce rapport, c'est le 37e département. Le chiffre des habitants divisé par celui des hectares donne environ 63 habitants par 100 hectares ou par kilomètre carré ; c'est ce qu'on appelle la *population spécifique*. La France entière ayant 69 ou 70 habitants par kilomètre carré, il en résulte que l'Eure renferme, à surface égale, 6 à 7 habitants de moins que l'ensemble de notre pays. A ce point de vue, c'est le 40e département.

Depuis 1801, date du premier recensement officiel, l'Eure a perdu 29,167 habitants.

La langue française est la seule parlée dans le département.

Presque tous les habitants sont catholiques ; on y compte 500 protestants et quelques juifs.

Le nombre des *naissances* a été, en 1875, de 6952 (plus 299 mort-nés) ; celui des *décès*, de 8700 ; celui des *mariages*, de 2643.

La *vie moyenne* est de 41 ans.

Le *lycée* d'Évreux a compté, en 1878, 275 élèves ; les deux *collèges communaux*, 113 ; deux *petits séminaires*, 274 ; six *institutions secondaires libres*, 369 ; 805 *écoles primaires*, 43,098 enfants ; 25 *salles d'asile*, 2352 enfants.

Le recensement de 1872 a donné les résultats suivants :

Ne sachant ni lire ni écrire..	125,852
Sachant lire seulement.	34,444
Sachant lire et écrire.	214,462
Dont on n'a pu vérifier l'instruction. . . .	3,156
Total de la population civile . .	377,874

Sur 83 accusés de crimes en 1875, on a compté :

Accusés ne sachant ni lire ni écrire.	24
— sachant lire et écrire.	52
— ayant reçu une instruction supérieure au premier degré.	7

IX. — Divisions administratives.

Le département de l'Eure forme le diocèse d'Évreux, suffragant de l'archevêché de Rouen. Il fait partie du 3e corps d'armée, 3e division ou région (Rouen), et est partagé entre les subdivisions 1, 2, 3. — Il ressortit à la cour d'appel et à l'Académie de Caen ; — à la 3e légion de gendarmerie (Rouen) ; — à la 2e conservation des forêts (Rouen) ; — à la 1re inspection des ponts et chaussées ; — à l'inspection des mines du nord-ouest (Rouen). — Il comprend 5 arrondisse-

ments (les Andelys, Bernay, Évreux, Louviers et Pont-Audemer, 36 cantons et 700 communes).

Chef-lieu du département : ÉVREUX.

Chefs-lieux d'arrondissement : Les Andelys, Bernay,
Évreux, Louviers, Pont-Audemer.

Arrondissement des Andelys (6 cant.; 117 com.; 104,350 hect.;
60,013 h.).

Canton des Andelys (18 com.; 19,531 hect.; 10,979 h.) — Andelys
(Les) — Boisemont — Bouafles — Corny — Courcelles-sur-Seine — Cu-
verville — Daubeuf-près-Watteville — Fresne-l'Archevêque — Guiseniers
— Harquency — Hennezis — Heuqueville — Notre-Dame-de-l'Isle —
Port-Mort — Roquette (La) — Suzay — Thuit (Le) — Vézillon.

Canton d'Ecos (24 com.; 20,011 hect.; 8,462 h.) — Berthenonville—
Bois-Jérôme-Saint-Ouen — Bus-Saint-Remy — Cahaignes — Cantiers —
Château-sur-Epte — Civières — Dampmesnil — Écos — Fontenay —
Forêt-la-Folie — Fourges — Fours — Gasny — Giverny — Guitry —
Haricourt — Heubécourt — Mézières — Panilleuse — Pressagny-l'Or-
gueilleux — Sainte-Geneviève-lès-Gasny — Tilly — Tourny.

Canton d'Étrépagny (20 com.; 17,131 hect.; 8,940 h.) — Coudray
— Doudeauville — Étrépagny — Farceaux — Gamaches — Hacque-
ville — Heudicourt — Longchamps — Morgny — Mouflaines — Neuve-
Grange (La) — Nojeon-le-Sec — Provemont — Puchay — Richeville —
Sainte-Marie-de-Vatimesnil — Saussay-la-Vache — Thil (Le) — Thilliers-
en-Vexin (Les) — Villers-en-Vexin.

Canton de Fleury-sur-Andelle (22 com.; 16,477 hect.; 13,894 h.) —
Amfreville-les-Champs — Amfreville-sous-les-Monts — Bacqueville —
Bourg-Beaudoin—Charleval — Douville — Écouis—Fleury-sur-Andelle —
Flipou — Gaillardbois-Cressenville — Grainville — Houville — Letteguí-
ves — Menesqueville — Mesnil-Verclives — Perriers-sur-Andelle — Perruel — Radepont — Renneville — Romilly-sur-Andelle — Saint-Nicolas-
de-Pont-Saint-Pierre — Vandrimare.

Canton de Gisors (20 com.; 16,281 hect.; 10,681 h.) — Amécourt
— Authevernes — Bazincourt — Bernouville — Bezu-Saint-Éloi — Bou-
chevilliers — Chauvincourt — Dangu — Gisors — Guerny — Hébécourt—
Mainneville — Martagny — Mesnil-sous-Vienne — Neaufles-Saint-Martin
— Noyers — Saint-Denis-le-Ferment — Saint-Paër —Sancourt — Vesly.

Canton de Lyons-la-Forêt (13 com.; 14,919 hect.; 7,147 h.) — Beau-
ficel — Bezu-la-Forêt — Bosquentin — Fleury-la-Forêt — Hogues (Les)
— Lilly — Lisors — Lorleau — Lyons-la-Forêt — Rosay — Touffreville
— Tronquay (Le) — Vascœuil.

Arrondissement de Bernay (6 cant.; 124 com.; 109,585 hect.;
67,003 h.).

Canton de Beaumesnil (17 com.; 17,626 hect.; 6,728 h.) — Ajou —
Barre (La) — Beaumesnil — Bosc-Renoult-en-Ouche — Épinay — Gisay

— Gouttières — Grandchain — Jonquerets-de-Livets — Landepereuse — Noyer-en-Ouche (Le) — Roussière (La) — Saint-Aubin-des-Hayes — Saint Aubin-le-Guichard — Sainte-Marguerite-en-Ouche — Saint-Pierre-du-Mesnil — Thevray.

Canton de Beaumont-le-Roger (22 com.; 21.525 hect.; 11.524 h.) — Barc — Barquet — Beaumontel — Beaumont-le-Roger — Berville-la-Campagne — Bray — Combon — Écardenville-la-Campagne — Fontaine-la-Soret — Goupillières — Grosley — Houssaye (La) — Launay — Nassandres — Perriers-la-Campagne — Plessis-Sainte-Opportune — Romilly-la-Puthenaye — Rouge-Perriers — Sainte-Opportune-du-Bosc — Thibouville — Tilleul-Dame-Agnès — Tilleul-Othon (Le).

Canton de Bernay (18 com.; 16,463 hect.; 15,559 h.) — Bernay — Caorche — Carsix — Corneville-la-Fouquetière — Courbépine — Fontaine-l'Abbé — Malouy — Menneval — Plainville — Plasnes — Saint-Aubin-le-Vertueux — Saint-Clair-d'Arcey — Saint-Léger-de-Rôtes — Saint-Martin-du-Tilleul — Saint-Nicolas-du-Bosc-l'Abbé — Saint-Victor-de-Chrétienville — Serquigny — Valailles.

Canton de Brionne (23 com.; 16,045 hect.; 12,689 h.) — Aclou — Bec-Hellouin (Le) — Berthouville — Boisney — Bosrobert — Bretigny — Brionne — Calleville — Franqueville — Harcourt — Haye-de-Calleville — Hecmanville — Livet-sur-Authou — Malleville-sur-le-Bec — Morsan — Neuville-du-Bosc (La) — Neuville-sur-Authou — Notre-Dame-d'Épine — Saint-Cyr-de-Salerne — Saint-Éloi-de-Fourques — Saint-Paul-de-Fourques — Saint-Pierre-de-Salerne — Saint-Victor-d'Épine.

Canton de Broglie (22 com.; 21.725 hect.; 8,853 h.) — Broglie — Bosc-Morel (Le) — Capelles-les-Grands — Chamblac — Chapelle-Gauthier (La) — Ferrières-Saint-Hilaire — Goulafrière (La) — Grand-Camp — Mélicourt — Mesnil-Roussel — Montreuil-l'Argillé — Notre-Dame-du-Hamel — Saint-Agnan-de-Cernières — Saint-Aquilin-d'Augerons — Saint-Aubin-du-Thenney — Saint-Denis-d'Augerons — Saint-Jean-du-Thenney — Saint-Laurent-du-Tencement — Saint-Pierre-de-Cernières — Saint-Quentin-des-Isles — Trinité-de-Réville (La) — Verneusses.

Canton de Thiberville (22 com.; 16,205 hect.; 11,673 h.) — Barville — Bazoques — Boissy-Lamberville — Bournainville — Chapelle-Hareng (La) — Drucourt — Duranville — Faverolles-les-Mares — Favril (Le) — Folleville — Fontaine-la-Louvet — Giverville — Heudreville-en-Lieuvin — Piencourt — Places (Les) — Planquay (Le) — Saint-Aubin-de-Scellon — Saint-Germain-la-Campagne — Saint-Mards-de-Fresne — Saint-Vincent-du-Boulay — Theil-Nolent (Le) — Thiberville.

Arrondissement d'Évreux (11 cant.; 224 com.; 210,986 hect.; 111,542 h.).

Canton de Breteuil (14 com.; 22,966 hect.; 9,746 h.) — Baux-de-Breteuil (Les) — Bémécourt — Breteuil — Chesne (Le) — Cintray — Condé-sur-Iton — Dame-Marie — Francheville — Guernanville — Guéroulde (La) — Saint-Denis-du-Béhélan — Sainte-Marguerite-de-l'Autel — Saint-Nicolas-d'Attez — Saint-Ouen-d'Attez.

Canton de Conches (26 com.; 24,205 hect.; 9,850 h.) — Baubray —

Bonneville (La) — Burey — Champ-Dolent — Collandres — Conches — Croisille (La) — Émanville — Faverolles-la-Campagne — Ferrières-Haut-Clocher — Ferrière-sur-Risle (La) — Fidelaire (Le) — Fresne (Le) — Gaudreville — Glisolles — Louversey — Mesnil-Hardray (Le) —Nagel— Nogent-le-Sec — Ormes — Orvaux — Portes — Saint-Elier — Sainte-Marthe — Sébécourt — Séez-Mesnil.

Canton de Damville (22 com. ; 18,116 hect. ; 5,767 h.) — Authénay— Avrilly — Boissy-sur-Damville — Chanteloup — Corneuil — Coulonges — Créton—Damville — Essarts (Les) — Gouville — Grandvilliers — Hellenvilliers — Hosmes (L') — Manthelon — Minières (Les) — Morainville-sur-Damville — Rôman — Roncenay (Le) — Sacq (Le) — Thomer-la-Sôgne — Villalet — Villez-Champ-Dominel.

Canton d'Évreux (Nord) (25 com. ; 15,906 hect. ; 10,476 h.) — Aviron — Bacquepuis — Bernienville — Boulay-Morin (Le) — Brosville — Chapelle-du-Bois-des-Faulx (La) — Dardez — Emalleville— Évreux (Nord) — Gauville-la-Campagne — Graveron-Sémerville — Gravigny — Irreville — Mesnil-Fuguet (Le) — Normanville — Parville — Quittebeuf — Reuilly — Sacquenville — Sainte-Colombe-la-Campagne — Saint-Germain-des-Angles — Saint-Martin-la-Campagne — Tilleul-Lambert (Le) — Tourne-dos-Bois-Hubert — Tourneville.

Canton d'Évreux (Sud) (21 com. ; 21,486 hect. ; 15,785 h.) — Angerville-la-Campagne — Arnières — Aulnay — Baux-Sainte-Croix (Les) — Caugé — Claville — Évreux (Sud) — Fauville — Fontaine-sous-Jouy — Gauciel — Guichainville — Huest — Jouy-sur-Eure — Miserey — Plessis-Grohan (Le) — Saint-Luc — Saint-Sébastien-de-Morsent — Saint-Vigor — Sassey — Trinité (La) — Ventes (Les) — Vieil-Évreux (Le).

Canton de Nonancourt (15 com. ; 14,956 hect. ; 8,402 h.) — Acon — Breux — Courdemanche — Droisy — Illiers-l'Évêque — Louye — Madeleine-de-Nonancourt (La)— Marcilly-la-Campagne —Mesnil-sur-l'Estrée — Moisville — Muzy — Nonancourt — Panlatte — Saint-Georges-sur-Eure — Saint-Germain-sur-Avre.

Canton de Pacy-sur-Eure (23 com. ; 15,798 hect. ; 8,183 h.) — Aigleville — Boisset-les-Prévanches — Boncourt — Breuilpont — Bueil — Caillouet-Orgeville — Chaignes — Cierrey — Cormier (Le) — Croisy — Fains — Gadencourt — Hardencourt — Hécourt —Menilles — Merey — Neuilly — Pacy-sur-Eure — Plessis-Hébert (Le) — Saint-Aquilin-de-Pacy — Vaux-sur-Eure — Villegâts — Villiers-en-Désœuvre.

Canton de Rugles (19 com. ; 21,480 hect. ; 8,781 h.) — Ambenay — Auvergny —Bois-Anzeray—Bois-Arnault— Bois-Normand-près-Lyre—Bottereaux (Les) — Chaise-Dieu-du-Theil — Chambord — Champignolles — Cheronvilliers — Frétils (Les) — Haye-Saint-Sylvestre (La) — Juignettes — Neaufles-sur-Risle — Neuve-Lyre (La) — Rugles — Saint-Antonin-de-Sommaire — Vaux-sur-Risle — Vieille-Lyre (La).

Canton de Saint-André (31 com.; 27,430 hect. ;13,244h.)—Authieux (Les) — Bois-le-Roi — Boissière (La) — Bretagnolles — Champigny-la-Futelaye — Chavigny-Bailleul — Coudres — Couture-Boussey (La)— Croth — Épieds — Ézy — Forêt-du-Parc (La) — Foucrainville — Fres-

ney — Garencières — Garennes — Grossœuvre — Ivry-la-Bataille — Jumelles — L'Habit — Lignerolles — Marcilly-sur-Eure — Mouettes —
Mousseaux-Neuville — Prey — Quessigny —Saint-André —Saint-Germain-
de-Fresney — Saint-Laurent-des-Bois — Serez — Val-David (Le).

Canton de Verneuil (14 com.; 16,926 hect.; 9,462 h.) — Armentières
— Bâlines — Barils (Les) — Bourth — Chennebrun — Courteilles — Gour-
nay — Mandres — Piseux — Pullay — Saint-Christophe-sur-Avre —
Saint-Victor-sur-Avre — Tillières-sur-Avre — Verneuil.

Canton de Vernon (14 com.; 11,719 hect.; 11,848 h.) — Chambray
— Chapelle-Réanville (La) — Douains— Heunière (La) — Houlbec-Coche-
rel — Mercey — Rouvray — Sainte-Colombe-près-Vernon — Saint-Just
— Saint-Marcel — Saint-Pierre-d'Autils — Saint-Vincent-des-Bois —
Vernon — Villez-sous-Bailleul.

Arrondissement de Louviers 5 cant.; 111 com.; 78,550 hect.;
64,008 h.).

Canton d'Amfreville-la-Campagne (24 com.; 11,865 hect.; 9,779 h.)
— Amfreville-la-Campagne — Bec-Thomas —Fouqueville —Gros-Theil (Le)
— Harengère (La) — Haye-du-Theil (La) — Houlbec-près-le-Gros-Theil
— Mandeville — Pyle (La) — Saint-Amand-des-Hautes-Terres —
Saint-Cyr-la-Campagne — Saint-Didier — Saint-Germain-de-Pasquier —
Saint-Meslain-du-Bosc — Saint-Nicolas-du-Bosc — Saint-Ouen-de-Pon-
cheuil — Saint-Pierre-des-Cercueils — Saint-Pierre-du-Bosguerard —
Saussaye (La) — Thuit-Anger (Le) — Thuit-Signol (Le) — Thuit-Simer
(La) — Tourville-la-Campagne — Vraiville.

Canton de Gaillon (24 com.; 20,076 hect.; 12,455 h.) — Ailly — Au-
bevoie — Autheuil — Authouillet — Bernières — Cailly — Champenard
— Croix-Saint-Leufroy (La) — Écardenville-sur-Eure — Fontaine-Bellenger
— Fontaine-Heudebourg — Gaillon — Heudreville-sur-Eure — Muids
— Saint-Aubin-sur-Gaillon — Sainte-Barbe-sur-Gaillon — Saint-Étienne-
sous-Bailleul — Saint-Julien-de-la-Liègue — Saint-Pierre-de-Bailleul —
Saint-Pierre-la-Garenne — Tosny — Venables — Vieux-Villez — Villers-
sur-le-Roule.

Canton de Louviers (20 com.; 15,079 hect.; 19,564 h.) — Acquigny
— Amfreville-sur-Iton — Andé — Crasville — Haye-le-Comte (La) —
Haye-Malherbe (La) — Heudebouville — Hondouville — Incarville — Louviers — Mesnil-Jourdain (Le) — Pinterville — Planches (Les) — Quatremare — Saint-Étienne-du-Vauvray — Saint-Pierre-du-Vauvray — Surtauville — Surville — Vacherie (La) — Vironvay.

Canton du Neubourg (24 com.; 16,319 hect.; 10,458 h.) — Bérange-
ville-la-Campagne — Canappeville — Cesseville — Crestot — Criquebeuf-
la-Campagne — Crosville-la-Vieille — Daubeuf-la-Campagne — Écauville
— Ecquetot — Épégard — Épreville-près-le-Neubourg — Feuguerolles —
Hectomare — Houetteville — Iville — Marbeuf — Neubourg (Le) — Saint-
Aubin-d'Écrosville — Tremblay (Le) — Troncq (Le) — Venon — Villettes
— Villez-sur-le-Neubourg — Vitot.

Canton de Pont-de-l'Arche (19 com.; 14,469 hect.; 11,752 h.) —
Alizay — Connelles — Criquebeuf-sur-Seine — Damps (Les) — Herque-

ville — Igoville — Léry — Manoir (Le) — Martot — Montaure — Notre-Dame-du-Vaudreuil — Pîtres — Pont-de-l'Arche — Porte-Joie — Poses — Saint-Cyr-du-Vaudreuil — Tostes — Tournedos-sur-Seine — Vatteville.

Arrondissement de Pont-Audemer (8 cant. ; 124 com. ; 92,903 hect.; 70,973 h.).

Canton de Beuzeville (17 com. ; 13,932 hect. ; 9,414 h.) — Berville-sur-Mer — Beuzeville — Boulleville — Conteville — Fatouville-Grestain — Fiquefleur-Équainville — Fort-Moville — Foulbec — Lande (La) — Manneville-la-Raoult — Martainville — Saint-Léger-sur-Bonneville — Saint-Maclou — Saint-Pierre-du-Val — Saint-Sulpice-de-Graimbouville — Torpt (Le) — Vannecrocq.

Canton de Bourgtheroulde (20 com. ; 10,274 hect. ; 8,743 h.) — Berville-en-Roumois — Boissey-le-Châtel — Bos-Bénard-Commin — Bos-Bénard-Crescy — Boscherville — Bosc-Renoult — Bosc-Roger (Le) — Bosguerard-de-Marcouville — Bosnormand — Bourgtheroulde — Épréville-en-Roumois — Flancourt — Infreville — Saint-Denis-des-Monts — Saint-Léger-du-Gennetey — Saint-Ouen-du-Tilleul — Saint-Philibert-sur-Boissey — Theillement — Thuit-Hébert — Voiscreville.

Canton de Cormeilles (12 com. ; 10,469 hect. ; 7,201 h.) — Asnières — Bailleul-la-Vallée — Bois-Hellain (Le) — Chapelle-Bayvel (La) — Cormeilles — Épaignes — Fresne-Cauverville — Jouveaux — Morainville-près-Lieurey — Saint-Pierre-de-Cormeilles — Saint-Siméon — Saint-Sylvestre-de-Cormeilles.

Canton de Montfort-sur-Risle (14 com.; 11,533 hect. ; 7,646 h.) — Appeville — Authou — Bonneville-Appetot — Brestot — Condé-sur-Risle — Écaquelon — Freneuse-sur-Risle — Glos-sur-Risle — Illeville-sur-Montfort — Montfort-sur-Risle — Pont-Authou — Saint-Philbert-sur-Risle — Thierville — Touville.

Canton de Pont-Audemer (15 com.; 12,204 hect. ; 13,496 h.) — Campigny — Colletot — Corneville-sur-Risle — Fourmetot — Manneville-sur-Risle — Pont-Audemer — Préaux (Les) — Saint-Germain-Village — Saint-Mards-de-Blacarville — Saint-Paul-sur-Risle — Saint-Symphorien — Selles — Tourville-sur-Pont-Audemer — Toutainville — Triqueville.

Canton de Quillebeuf (14 com. ; 10,184 hect. ; 6,246 h.) — Aizier — Bouquelon — Bourneville — Marais-Vernier — Quillebeuf — Saint-Aubin-sur-Quillebeuf — Sainte-Croix-sur-Aizier — Sainte-Opportune-près-Vieux-Port — Saint-Ouen-des-Champs — Saint-Samson-de-la-Roque — Saint-Thurien — Tocqueville — Trouville-la-Haulle — Vieux-Port.

Canton de Routot (18 com. ; 14,210 hect. ; 10,475 h.) — Barneville — Bosgouet — Bouquetot — Bourg-Achard — Caumont — Cauverville-en-Roumois — Étréville — Éturqueraye — Hauville — Haye-Aubrée (La) — Haye-de-Routot (La) — Honguemare — Landin (Le) — Rougemontiers — Routot — Saint-Ouen-de-Thouberville — Trinité-de-Thouberville (La) — Valletot.

Canton de Saint-Georges-du-Vièvre (14 com. ; 10,376 hect.; 7,752 h.) Saint-Georges-du-Vièvre — Épréville-en-Lieuvin — Lieurey — Noards — Noë-Poulain (La) — Poterie-Mathieu (La) — Saint-Benoît-des-Ombres —

Saint-Christophe-sur-Condé — Saint-Étienne-l'Allier — Saint-Georges-du-Mesnil — Saint-Georges-du-Vièvre— Saint-Grégoire-du-Vièvre — Saint-Jean-de-la-Léqueraye —Saint-Martin-Saint-Firmin — Saint-Pierre-des-Ifs.

X. — Agriculture ; productions.

Sur les 595,765 hectares dont se compose le département de l'Eure, on compte :

Terres labourables.	579,051 hectares.
Vignes	1,136
Bois.	109,888
Prés.	53,240
Pâturages et pacages.	11,170
Terres incultes.	1,597

Le reste du territoire se partage entre les étangs, les emplacements des villes, des bourgs, des villages, les surfaces prises pour les routes, les chemins de fer, les rivières, etc.

Le sol du département est très fertile, sauf dans le pays d'Ouche, qui est à peu près stérile. Le *blé* se récolte en grande quantité dans le Vexin et dans la plaine du Neubourg. On cultive aussi le méteil, le seigle, l'orge, l'avoine, un peu le sarrasin, les pommes de terre, les légumes secs, les betteraves, le lin et le colza. — Le Lieuvin, où se fabrique le fromage dit de Mignot, offre de riches *herbages* pour l'élève des chevaux et l'engrais des bêtes à cornes.— Il se fait à Bernay un grand commerce de *chevaux*, les plus beaux de la Normandie. M. de Lagrange a créé à Dangu un magnifique haras d'où sont sortis plusieurs chevaux célèbres, en tète desquels il faut placer *Gladiateur*. Le haras de Dangu est entouré d'immenses prairies dont la superficie est de 225 hectares. Il existe aussi un haras à Neaufles-Saint-Martin et une école de dressage à Étrépagny. — Les *prairies artificielles* ont presque doublé d'étendue depuis quarante ans ; elles occupent 63.000 hectares. La luzerne, le sainfoin et le trèfle incarnat sont semés avec succès. — Dans les champs riverains de l'Andelle, les paysans cultivent le *chardon à foulon* pour les fabriques de draps d'Elbeuf et de Louviers. — La *vigne* se cultive dans la partie méridionale du département, le long des vallées de l'Avre, de l'Eure et de la Seine. Bueil, Château-d'Illiers, Menilles, Nonancourt, Portmort, produisent des vins d'ordinaire estimés.

La moyenne et surtout la petite propriété (30 hectares à 100, et 1 hectare à 30) constituent la majeure partie du territoire. Les grandes propriétés de 100 hectares et au-dessus sont surtout situées dans l'arrondissement des Andelys et dans les cantons d'Évreux, de Saint-André et de Nonancourt.

Le nombre des chefs d'exploitations et des ouvriers agricoles des deux sexes monte à 172,840 personnes. Les propriétaires habitant leurs terres, et faisant valoir tant pour eux que pour autrui, composent plus des deux tiers des cultivateurs.

En 1875, la production agricole a été la suivante, savoir : froment, 1,817,016 hectolitres ; méteil, 161,726 ; seigle, 66,984 ; orge, 165,613 ; sarrasin, 5,940 ; avoine, 1,632,708. La pomme de terre a produit 426,987 hectolitres ; les légumes secs, 78,785 ; les betteraves, 1,263,800 ; le lin, 2,850 quintaux.

On compte dans le département 57,585 chevaux, 9,079 ânes, 2,000 bœufs et taureaux, 91,305 vaches et génisses, 1,770 veaux, 479,140 moutons, 46,185 cochons, 2,500 chèvres. Le rendement de la laine des moutons a été de 3,170,000 kilogrammes, valant 12,521,500 francs 22,000 ruches d'abeilles ont produit 155,000 kilogrammes de miel et 22,000 de cire.

Le territoire est couvert de nombreuses plantations de *pommiers*, dont les fruits servent à fabriquer le *cidre*, boisson ordinaire des habitants ; l'arrondissement de Pont-Audemer est celui où ils sont le plus répandus. Chaque hectare de prairie, planté d'une centaine de pommiers, rapporte en moyenne, après quinze ans, 50 hectolitres de pommes valant 175 à 200 fr. Indépendamment des pommiers plantés en vergers, un assez grand nombre d'arbres servent de bordures aux champs ; d'autres s'étendent le long des routes et des chemins. En 1866, selon M. Charpillon (*Dictionnaire statistique de l'Eure*), il y avait dans le département 3,454,253 arbres à cidre, produisant chaque année 553,749 hectolitres, valant 5 millions de francs.

Les bois soumis au régime forestier se composent surtout des forêts domaniales, qui ont une contenance totale de 12,669 hectares. Les bois des particuliers occupent 90,000 à 95,000 hectares. Il faut y ajouter 139 hectares de bois communaux. Les forêts de l'État sont les suivantes : forêt de Lyons, en partie (6,043 hectares) ; forêt de Bord (3,494 h.) ; forêt de Louviers (1,145 h.) ; forêt de Montfort (1,985 h.). La forêt de Bord ou de Pont-de-l'Arche, située sur les communes de Pont-de-l'Arche, des Damps, de Léry, du Vaudreuil, de Tostes, de Martot et de Criquebeuf, appartient à l'État. Cette forêt est coupée par des vallons, souvent profonds, qui débouchent dans les vallées de la Seine et de l'Eure. Le chêne et le hêtre forment de beaux massifs de haute futaie, surtout dans la partie S. de la forêt. Le peu de fertilité du sol, au N., n'y permet que l'éducation d'essences résineuses. Les autres forêts sont celles d'Ivry, de Pacy, de Vernon, de Conches, de Beaumont, de Breteuil, du Neubourg, des Andelys, etc. Les essences principales de ces bois sont : le charme, le chêne et le hêtre, ce dernier dans une assez grande proportion. Le pin sylvestre, introduit artificiellement, y occupe une étendue de terrain assez importante, principalement dans les forêts de Bord et de Montfort.

XI. — Industrie; produits minéraux.

Le *minerai de fer* oxydé limoneux se rencontre dans les cantons de Breteuil, Conches, Damville, Rugles et dans la forêt d'Évreux. La quantité extraite, qui s'élevait à 5,000 quintaux métriques en 1869, a considérablement diminué.

Il s'exploite depuis un temps immémorial, dans les coteaux de Vernonnet, d'immenses *carrières de pierres* calcaires, qui sont embarquées sur la Seine dans de grands chalands. Une trentaine d'autres communes, notamment Caumont extraient aussi de la pierre à bâtir : on cite les grès de la forêt d'Évreux et de Broglie.

Plusieurs localités limitrophes du Marais-Vernier possèdent de vastes *tourbières*, qui sont inexploitées.

Parmi les *sources minérales*, il faut mentionner celle de Saint-Germain, près de Pont-Audemer; celles du Bec-Hellouin, de Beaumont-le-Roger, de Carbec (commune de Fatouville-Grestain), de Verneuil, d'Hondouville, du Vieux-Conches, de Saint-Philbert-sur-Rille (selfureuse) et de Mesnil-sur-l'Estrée; cette dernière est gazeuse.

Bien que l'Eure soit surtout un pays d'agriculture et d'élevage, l'industrie y est considérable : elle occupe près du tiers de la population. Diverses usines travaillent le cuivre et le laiton (63,000 tonnes par an, valant 14 millions de francs), le zinc (2,600 tonnes, valant 2 millions). En 1878, les usines à fer du département ont produit 5,189 tonnes de fontes. Parmi les *usines métallurgiques*, il faut citer : les forges de Tillières : l'usine à cuivre et à zinc de Dangu; les fonderies (400 ouvriers) de Breteuil, d'Évreux et de Pont-Audemer; la fonderie et les laminoirs à cuivre de Romilly-sur-Andelle (255 ouvriers) ; les tréfileries et laminoirs d'Ambenay, des clouteries mécaniques et des ateliers de construction de machines à Verneuil, etc. Le bourg de Rugles possède des fonderies de cuivre, des laminoirs, des tréfileries de laiton, des fabriques de clous, de pointes et d'épingles très importantes.

La fabrication du sucre a pris depuis quelques années un certain développement : 4 *sucreries* (1,126 ouvriers) ont fabriqué, en 1875, 62,300 quintaux métriques de sucre et 45,000 de mélasse.

Mais les établissements industriels les plus importants du département sont ses filatures de coton, de laine, et ses manufactures de draps. L'*industrie cotonnière* comprend, dans l'arrondissement de Bernay : la filature, la fabrication des toiles et des rubans. La filature du coton y est représentée par 28 établissements, mis en activité par 850 chevaux de force hydraulique et 160 chevaux-vapeur. Ces établissements renferment 170,000 broches, occupant 2,500 ouvriers. La fabrication des rubans de fil et de coton a pris, dans ces dernières années, notamment à Thiberville, un développement considérable. Elle occupe 5,000 métiers et près de 10,000 ouvriers. Elle livre à la consommation française et étrangère pour 5,500,000 fr. de tissus ayant de 3 à 60 millimètres de largeur, représentant une longueur totale d'environ 323 millions de mètres. Bernay possède aussi une filature de laine et une filature de lin, Corneville et Montfort, des filatures de coton. ue tissage de coton de Saint-Philbert-sur-Rille ocuupe près de 600 ouvriers.

La manipulation du *lin* (environs de Bernay) et du *chanvre* occupe dans le département environ 1,200 ouvriers.

La *filature de la laine* est répandue dans le canton de Montfort, à Pont-Saint-Pierre, à Brionne, à Pont-Authou, Hondouville, N.-D.-du-Vaudreuil et surtout à Louviers. Avant la Révolution, il se fabriquait annuellement à Louviers 3,000 à 4,000 pièces de draps ; en 1837, la fabrication s'élevait à 15,000 ; elle s'est encore accrue depuis cette époque. Ses produits sont recherchés en France et à l'étranger. La ville de Louviers fabrique des draps à bas prix ; elle s'est approprié la fabrication des étoffes dites *nouveautés* pour pantalons et celle des flanelles écossaises. L'arrondissement renferme un grand nombre d'usines hydrauliques et à vapeur (2000 chevaux), employées pour la plupart à la filature et au tissage de la laine. Louviers compte 19 filatures de laine, 5 moulins à foulon, d'importantes fabriques de draps, de cardes, de fils, une papeterie, des tanneries, 2 blanchisseries de toiles, des corroiries, mégisseries et teintureries. La construction des machines et mécaniques à carder, filer et fabriquer les draps occupe une large place dans l'industrie de cette ville.

Le moulinage et le retordage de la *soie* emploient aux Andelys 515 ouvriers dans deux ateliers. Bernay et Charleval ont des fabriques de casquettes (250 ouvriers) ; Saint-Pierre-du-Vauvray et Pont-de-l'Arche, des fabriques de chaussons (362 ouvriers).

En 1878, il existait 36 *tanneries* ou mégisseries (546 ouvriers) à Gisors, aux Andelys et surtout à Pont-Audemer, où cette industrie

existe de toute ancienneté. 25 *moulins à tan* emploient presque au-
autant d'ouvriers que les établissements précédents.

Sept *papeteries* (400 ouvriers), à Saint-Roch-Moussel, Montreuil-
l'Argillé, Pont-Audemer, Mesnil-sur-l'Estrée, etc., ont fabriqué, en
1876, 51,900 quintaux métriques de papiers valant 1,977,800 fr.

Un parc de construction des équipages militaires, avec de très vastes ateliers, a été récemment installé à Vernon.

Parmi les autres branches de l'industrie départementale, nous
citerons : la fabrique de *pièces d'anatomie* du docteur Auzoux, à Saint-
Aubin-d'Écrosville (66 ouvriers); la fabrication des *peignes* (plus de
1000 ouvriers) à Ezy, Ivry, Bois-le-Roi, l'Habit ; celle des *dominos* (à
Dangu) et autres objets de tabletterie, qui occupe 875 ouvriers des
deux sexes. Il y a trois fabriques d'*instruments de musique* importantes dans l'arrondissement d'Évreux : celle de la Couture-Boussey
est renommée pour ses instruments à vent.

L'industrie du *bois* occupe un grand nombre de petits artisans :
10 établissements de tourneurs, dans les arrondissements de Louviers et d'Évreux, emploient plus de 1,100 ouvriers. Il se fabrique à
Sainte-Marguerite-de-l'Autel une quantité considérable de sabots.

XII. — Commerce, chemins de fer, routes.

On *importe* principalement dans le département : la laine ; le coton
pour la filature et le tissage ; le vin, le sucre, le sel, la soie pour la
confection de la dentelle et les travaux de passementerie ; la fonte de
fer, le zinc, le cuivre, l'ivoire, les cornes, les buffles, les os pour la
tabletterie, les chevaux et autres bestiaux, la houille, les bois
exotiques.

L'*exportation* consiste en grains et farines de froment, beurre,
œufs, fruits, volaille, matières textiles, bois communs, graines oléa-
gineuses, alcools et moûts de betteraves; objets de quincaillerie, de
ferronnerie, draps, tissus de laine et de coton, toiles, instruments
de musique, etc. Ces divers produits sont, en général, dirigés sur
Rouen, Paris et l'Angleterre. Le canton de Gisors a Beauvais pour
débouché.

La foire de Bernay, appelée la *foire Fleurie*, qui date du douzième siècle, est renommée pour les chevaux qu'on y amène de toutes
les parties de la Normandie : elle commence le lundi de la Passion
et dure 8 jours. La foire du 8 juillet, aussi considérable, dans la
même ville, est consacrée aux laines.

Le département de l'Eure est traversé par 13 chemins de fer, ayant un développement total de 479 kilomètres.

1° Le chemin de fer *de Paris à Cherbourg* passe du département d'Eure-et-Loir dans celui de l'Eure, tout près de la station de Bueil. Outre cette station, il dessert celles de Boisset-Pacy, Évreux, la Bonneville, Conches, Romilly-la-Puthenaye, Beaumont-le-Roger, Serquigny, Bernay et Saint-Mards-Orbec. Au delà, il entre dans le département du Calvados. Parcours, 95 kilomètres.

2° Le chemin de fer *de Paris à Dieppe, par Gisors,* parcourt l'extrémité nord-est du département. Suivant la vallée de l'Epte, qui sépare le département de l'Eure de celui de l'Oise, il entre dans le premier à 1 kilomètre de la station de Gisors et en sort 1 kilomètre plus loin pour rentrer dans l'Oise. Il pénètre de nouveau dans l'Eure, à 500 mètres après la station de Sérifontaine, dessert la gare d'Amécourt-Talmontiers, et en sort définitivement à 1,500 mètres en deçà de Neufmarché. Parcours, 9 kilomètres.

3° Le chemin de fer *de Gisors à Pont-de-l'Arche* (54 kilomètres) a pour stations Gisors-Ville, Bezu-Saint-Éloi, Bernouville, Étrépagny, le Thil, Saussay-les-Andelys, Lisors, Menesqueville-Lyons, Charleval, Fleury-sur-Andelle, Radepont, Pont-Saint-Pierre, Romilly-sur-Andelle, Pitres et Pont-de-l'Arche.

4° Le chemin de fer *de Gisors à Vernon et à Pacy-sur-Eure* se détache du précédent à 4 kilomètres de la gare de Gisors-Ouest. Sur son parcours de 56 kilomètres, il dessert Inval, Dangu, Guerny, Bordeaux-Saint-Clair, Berthenonville, Aveny-Montreuil, Bray-Écos, Fourges, Gasny, Sainte-Geneviève, Giverny, Vernonnet, Vernon, Normandie, Douains-Blaru et Pacy-sur-Eure.

5° Le chemin de fer *de Paris à Rouen* passe du département de Seine-et-Oise dans celui de l'Eure à 3 kilomètres en deçà de la station de Vernon. Outre cette gare, il dessert celles de Gaillon, Saint-Pierre-du-Vauvray et Pont-de-l'Arche. Au delà, il entre dans le département de la Seine-Inférieure. Parcours, 44 kilomètres.

6° Le chemin de fer *d'Elbeuf à Dreux* pénètre sur le territoire de l'Eure à 1,500 mètres au delà de la station de Saint-Pierre-lès-Elbeuf (Seine-Inférieure). Il passe à la Haye-Malherbe, Tostes, Saint-Germain, Louviers, ville à partir de laquelle il suit la vallée de l'Eure, Acquigny, Heudreville, la Croix-Saint-Leufroy, Autheuil-Authouillet, Chambray, Jouy-Cocherel, Menilles, Pacy-sur-Eure, Hécourt, Breuilpont, Bueil, Ivry-la-Bataille, Ezy-Anet, Croth-Sorel, Marcilly-sur-Eure et Saint-Georges-sur-Eure. Plus loin, il entre dans le département d'Eure-et-Loir. Parcours, 75 kilomètres.

L'embranchement *de Louviers à Saint-Pierre-du-Vauvray* (6 kilomètres) relie la ligne précédente à celle de Paris à Rouen.

8° Le chemin de fer *d'Acquigny à Évreux* (21 kilomètres) a pour stations intermédiaires Amfreville, Hondouville, Hom-la-Vacherie, Brosville, Saint-Germain-d'Angles, Caër et Gravigny.

9° Le chemin de fer *de Serquigny à Rouen* dessert la Rivière-Thibouville, Brionne, Pont-Authou-Bec-Hellouin, Glos-Montfort, Saint-Léger-Boissey et Bourgtheroulde. Au delà, il entre dans le département de la Seine-Inférieure. Parcours, 56 kilomètres.

10° L'embranchement *de Glos-Montfort à Pont-Audemer* (16 kilomètres), qui descend la vallée de la Rille, a pour stations Montfort-Saint-Philbert, Appeville, Condé, Corneville-Saint-Paul et Pont-Audemer.

11° Le chemin de fer *de Paris à Granville*, qui traverse le sud du département, y entre en deçà de la station de Nonancourt et en sort après celle de Bourth. Sur un parcours de 58 kilomètres, il dessert Nonancourt, Tillières, Verneuil et Bourth.

12° Le chemin de fer *de Conches à Laigle* se détache de la ligne de Paris à Cherbourg à 5 kilomètres de la gare de Conches. Il passe à Sainte-Marthe, au Fidelaire, à Lyre et à Rugles-Bois-Arnault. Au delà, il entre dans le département de l'Orne. Parcours, 28 kilomètres.

13° La ligne *de Gisors à Beauvais* n'a guère qu'un kilomètre de développement dans le département de l'Eure.

Parmi les lignes en construction, on peut citer celles d'Évreux au Neubourg, de Pont-Audemer à Quetteville par Beuzeville, de Bernay à Orbec par Broglie, etc.

La *navigation* se fait surtout par la Seine, dans tout son cours à travers le département. L'*Eure* n'est guère navigable que de Louviers à la Seine. Le tonnage, déjà très minime en 1876 (884 tonnes), est descendu à 550 tonnes en 1877. La *Risle*, dont la navigation est essentiellement maritime, a eu, en 1877, un tonnage de 21,215 tonnes pour 640 bateaux; c'est à Pont-Audemer que commence la navigation proprement dite.

Les voies de communication comptent 10,827 kilomètres, savoir :

13 chemins de fer..	479 kil.	
11 routes nationales.	464	
27 routes départementales.	795	
Chemins vicinaux { de grande communication.	2,402	} 8892
ordinaires subventionnés et non subventionnés....	6,490	
5 rivières navigables.		197

XIII. — Dictionnaire des communes.

Aclou, 322 h., c. de Brionne.

Acon, 524 h., c. de Nonancourt.

Acquigny, 794 h., c. de Louviers. ⟫⟶ A Becdal, vestiges d'une enceinte appelée fort aux Anglais. — Ruines du château de Cambremont.—Dans l'église, belles boiseries et riches reliquaires. — Au cimetière, ruines d'un prieuré et chapelle bâtie sur les tombeaux de saint Mauxe et de saint Vénérand, martyrisés au vi⁰ s. — Château curieux par son plan, qui figure des lettres entrelacées ; il date de François I⁰ʳ.

Aigleville, 109 h., c. de Pacy-sur-Eure.

Ailly, 820 h., c. de Gaillon. ⟫⟶ Ancien manoir des chanoines de Beauvais.

Aizier, 188 h., c. de Quillebeuf. ⟫⟶ A l'église, abside circulaire et clocher roman.

Ajou, 340 h., c. de Beaumesnil. ⟫⟶ La Rille y disparaît en grande partie sous terre.

Alizay, 555 h., c. de Pont-de-l'Arche. ⟫⟶ Église : curieuses chapelles ; chœur roman ; parties des xv⁰ et xvi⁰ s.; litre funèbre extérieure. — Restes du château de Rouville (xviii⁰ s.).

Ambenay, 809 h., c. de Rugles. ⟫⟶ Dolmen. — Ancien manoir fortifié des Seaules ou de Mauny ; au 1⁰ʳ étage, belle voûte en chêne ; restes de peintures. — Église avec curieuse tour carrée du xvi⁰ s. — Beau château moderne de la Rivière.

Amécourt, 214 h., c. de Gisors.

Amfreville-la-Campagne, 651 h., ch.-l. de c. de l'arrond. de Louviers. ⟫⟶ Église dont le beau clocher (xvi⁰ s.) est inachevé. — Château reconstruit en 1743.

Amfreville-les-Champs, 355 h., c. de Fleury-sur-Andelle.

Amfreville-sous-les-Monts, 556 h., c. de Fleury-sur-Andelle. ⟫⟶ De la côte des Deux-Amants (ancien prieuré), magnifique panorama sur la Seine, l'Eure, l'Andelle, Elbeuf, Louviers et Pont-de-l'Arche.

Amfreville-sur-Iton, 512 h., c. de Louviers.

Andé, 442 h., c. de Louviers. ⟫⟶ Pont sur la Seine.

Andelys (Les), 5,574 h., ch.-l. d'arr., sur la Seine et le Gambon. ⟫⟶ Les Andelys se composent de deux villes éloignées de près d'un kil.: le Grand-Andely et le Petit-Andely. — *Église du Grand-Andely* (mon. hist.) [1], remaniée et restaurée de nos jours dans le style primitif; deux belles tours du xiii⁰ s., reliées par une galerie; la grande nef, avec collatéraux et chapelles, date en grande partie de la même époque ; elle renferme un magnifique groupe en pierre, représentant l'Ensevelissement du Christ, des verrières de la Renaissance, un bel autel dans la chapelle Saint-Joseph, un bénitier du xv⁰ s., un tombeau de la fin du xvii⁰. Le transsept est terminé au N. et au S. par une splendide rosace garnie de beaux vitraux. Le croisillon N. appartient à la Renaissance, le croisillon S. au style ogival fleuri. Le chevet est droit. La chapelle de la Vierge (xvii⁰ s.) renferme un bel autel provenant de la chartreuse de Gaillon et un tableau (Jésus parmi les docteurs) attribué à Lesueur. Dans le chœur, boiseries du xv⁰ s., vitraux du xvi⁰ s. Buffet d'orgues du xvi⁰ s. Trois tableaux de Quentin Varin. Le premier étage de l'un des clochers renferme une collection de fragments anciens. La sacritie (fin du xiii⁰ s.) contient une magnifique chasuble du xvi⁰ s. — *Chapelle Sainte-Clotilde* (riche cul-de-lampe de la Renaissance); le 2 juin de chaque année, de nombreux pèlerins se rendent à une fontaine voisine, dont les eaux auraient été changées en vin par sainte Clotilde, et qui est ombragée par un tilleul remarquable. — Hô-

1. On appelle *monuments historiques* les édifices reconnus officiellement comme présentant de l'intérêt au point de vue de l'histoire de l'art, et susceptibles, pour cette raison, d'être subventionnés par l'Etat.

tel du Grand-Cerf, maison très remarquable du xvi⁰ s. belle façade en bois, cheminée monumentale, vitraux, bahuts, tapisseries de Beauvais, etc.) — Sur la place principale du Grand-Audely, *statue en bronze de Nicolas Poussin*, par Louis Brian. — Dans l'hôtel de ville, tableau du Poussin, et beau dessin d'une autre de ses œuvres. — Au Petit-Andely, *église du Saint-Sauveur* (mon. hist.), cruciforme, avec collatéraux, bâtie d'un seul jet à la fin du xiii⁰ s. Porche en bois du xiv⁰ s.; tour très élevée, flanquée d'un magnifique escalier en hélice ; nombreuses dalles tumulaires; bel autel provenant

Église Notre-Dame, aux Andelys (portail nord).

de l'abbaye de Mortemer; tableau (l'Adoration des Bergers) attribué à Philippe de Champaigne ; verrières anciennes; statues dont une du xi⁰ s.; deux cloches, l'une gothique, l'autre de 1600. — *Hospice Saint-Jacques*, fondé en 1784; la chapelle, circulaire et couronnée d'un dôme, est d'un style élégant. — Le *Château-Gaillard* (mon. hist.), le chef-d'œuvre de Richard Cœur-de-Lion, domine le Petit-Andely. Il reste des débris considérables des trois enceintes qui le composaient. La première enceinte, défendue à sa pointe antérieure par une grosse tour cylindrique, est isolée et séparée de la 2⁰ par un fossé. Les remparts de la 3e enceinte offrent, dans une grande partie de leur contour, des segments de cercle très rapprochés, et renferment le donjon, tour cylindrique de 20 mèt. de circonférence à l'intérieur et dont les murs atteignent 5 mèt. d'épaisseur. La distribution des défenses de ce donjon est très remarquable. Des grottes, taillées dans le roc, s'ouvrent dans un des côtés du fossé qui protégeaient la 1re enceinte. — Au milieu de la Seine, en face du Petit-Andely, l'île Contant renferme les débris d'un fort octogonal construit par Richard en 1196.

Angerville-la-Campagne, 126 h., c. d'Évreux (Sud). ⟶ Château.

Appeville, 771 h., c. de Montfort. ⟶ Église (dernière moitié du xvie s.) : sculptures. — Château de la Renaissance, sur un plan grandiose mais inachevé.

Armentières, 215 h., c. de Verneuil.

Arnières, 559 h., c. d'Évreux (Sud). ⟶ Emplacement d'un théâtre antique.

Asnières, 472 h., c. de Cormeilles.

Aubevoie, 507 h., c. de Gaillon. ⟶ Ruines de la chartreuse de Gaillon (1571).

Aulnay, 218 h., c. d'Évreux (Sud).

Authenay, 208 h., c. de Damville.

Autheuil, 328 h., c. de Gaillon. ⟶ Vestiges du château de la Boulaye.

Authevernes, 252 h., c. de Gisors.

Authieux (Les), 156 h., c. de Saint-André.

Authou, 257 h., c. de Montfort.

Authouillet, 205 h., c. de Gaillon. ⟶ Église : boiseries du xviie s.; sous la tour, vieilles statues en pierre; au cimetière, croix du xve s.

Auvergny, 130 h., c. de Rugles.

Aviron, 149 h., c. d'Évreux (Nord). ⟶ Joli château de Garambouville, en briques, construit au xvie s. par le cardinal de Bourbon.

Avrilly, 163 h., c. de Damville. ⟶ Ruines d'un château fort à doubles fossés pris par Philippe Auguste en 1190.

Bacquepuis, 160 h., c. d'Évreux (Nord).

Bacqueville, 454 h., c. de Fleury-sur-Andelle. ⟶ Dans l'église, beau retable du xviie s.

Bailleul-la-Vallée, 392 h., c. de Cormeilles. ⟶ Vestiges d'antiquités romaines très-importants. — Église romane du xiie s. — Tour en ruine.

Bâlines, 192 h., c. de Verneuil.

Barc, 635 h., c. de Beaumont-le-Roger.

Barils (Les), 300 h., c. de Verneuil.

Barneville, 570 h., c. de Routot.

Barquet, 426 h., c. de Beaumont-le-Roger.

Barre (La), 865 h., c. de Beaumesnil. ⟶ Ruines d'une forteresse.

Barville, 200 h., c. de Thiberville.

Baubray, 375 h., c. de Conches.

Baux-de-Breteuil (Les), 1,125 h., c. de Breteuil. ⟶ Dans la forêt, chapelle de Sainte-Suzanne, reste du prieuré de ce nom, lieu de pèlerinage ancien.

Baux-Sainte-Croix (Les), 542 h., c. d'Évreux (Sud). ⟶ Dolmen.

Bazincourt, 466 h., c. de Gisors.

Bazoques, 589 h., c. de Thiberville.

Beauficel, 325 h., c. de Lyons-la-Forêt.

Beaumesnil, 527 h., ch.-l. de c. de l'arrond. de Bernay. ⟶ Magnifique château (mon. hist.) de la fin du règne d'Henri IV (hautes toitures et façades en briques rouges formant des dessins).

Beaumont-le-Roger, 1984 h., ch.-l. de c. de l'arrond. de Bernay. ⟶ Ruines pittoresques du prieuré de la Sainte-Trinité (xiie et xiiie s., mon. hist.), dont il reste une longue muraille entourée de contre-forts et les débris imposants de l'église (xiiie s.), bâtie sur un plan fort simple. Des caves creusées dans le roc derrière l'église renferment des statues mutilées. — Ruines informes et fossés du château. — Église Saint-Nicolas (xive et xve s.); riche portail flamboyant surmonté d'un clocher; magnifique portail du S., même style; piliers de la nef du xve s.; étage supérieur et collatéraux du xvie s.; magnifiques vitraux de la Renaissance; statues anciennes. — Église du faubourg de Vieilles (xvie s.), ornée de statues et de belles gargouilles à l'extérieur; elle sert de grange. — Fontaine Roger qui fait tourner un moulin.

Beaumontel, 535 h., c. de Beaumont-le-Roger. ⟶ Église : tour élégante du XVIᵉ s. (mon. hist.), restaurée et surmontée d'une statue de saint Pierre ; belles fenêtres ogivales ; magnifique tabernacle et deux petits autels en bois sculpté.

Bec-Hellouin (Le), 604 h., c. de Brionne. ⟶ La célèbre abbaye du Bec, où enseignèrent au XIᵉ s. Lanfranc et saint Anselme, a été transformée en un dépôt de remonte pour l'armée. Il ne reste des bâtiments du moyen âge qu'une haute tour isolée (mon. hist.) du XVᵉ s., restaurée. La plupart des bâtiments conservés datent du XVIIᵉ s. — Église paroissiale (tombe du bienheu-

Église Notre-Dame, aux Andelys.

reux Hellouin) ; superbe émail et statues provenant de l'abbaye.

Bec-Thomas, 250 h., c. d'Amfreville.

Bémécourt, 607 h., c. de Breteuil.

Bérangeville-la-Campagne, 225 h., c. du Neubourg. ⟶ Ancienne enceinte retranchée.

Bernay, 7,643 h., ch.-l. d'arrond., dans une charmante vallée arrosée par la Charentonne et le Cosnier. ⟶ *Église Sainte-Croix* (XVᵉ s.); tour ornée de riches sculptures; bel autel en marbre rouge (1684); tabernacle attribué à Puget; dossier du banc d'œuvre (xv° s.); deux pierres tombales gothiques; douze statues sous des niches; boiseries de la chaire (xvii° s.); verrières modernes. — *Église Notre-Dame de la Couture* (xv° s.), au milieu d'un cimetière semblable à un jardin; beau portail dont les vantaux flamboyants méritent l'attention; belle chapelle de la Vierge, restaurée en 1858; verrières anciennes et modernes; belle châsse en bois sculpté; plaques votives, en marbre. L'édifice a 72 mèt. de longueur sur 22 de largeur. — Les bâtiments de l'ancienne *abbaye* (1628), d'un style noble, renferment aujourd'hui l'hôtel de ville, le tribunal, la sous-préfecture, les prisons, etc. L'ancien réfectoire, devenu la salle du tribunal civil, offre des voûtes gothiques. *L'église* abbatiale, transformée en halle, date en grande partie du commencement du xı° s. — *Hôtel* moderne de M. Le Métayer-Masselin, très-belle construction, dont le *jardin*, dessiné à l'italienne, renferme une vasque monumentale (xiii° s.) qui servait de fonts baptismaux à l'église de Ferrières-Saint-Hilaire. — *Maisons* anciennes. — *Collège* occupant les bâtiments d'un ancien couvent. — Source remarquable.

Bernienville, 192 h., c. d'Évreux (Nord).

Bernières, 172 h., c. de Gaillon.

Bernouville, 209 h., c. de Gisors.

Berthenonville, 241 h., c. d'Écos.

Berthouville, 578 h., c. de Brionne.

Berville-en-Roumois, 511 h., c. de Bourgtheroulde.

Berville-la-Campagne, 255 h., c. de Beaumont-le-Roger.

Berville-sur-Mer, 484 h., petit port, c. de Beuzeville. ⟫⟶ Vestiges de constructions romaines. — Église dont le chœur remarquable date de la fin du xii° s. — Phare.

Beuzeville, 2548 h., ch.-l. de c. de l'arrond. de Pont-Audemer. ⟫⟶ Église (xiii° s.) reconstruite en partie en 1861. — Beau marché. — Château d'eau alimenté par les fontaines Saint-Élier. — Vestiges du château fort de Neuilly.

Bezu-la-Forêt, 590 h., c. de Lyons-la-Forêt. ⟫⟶ Source de la Levrière; fontaine du Houx.

Bezu-Saint-Éloi, 701 h., c. de Gisors. ⟫⟶ Église : clocher et autres parties du xii° s. — Débris d'une tour enclavée dans un moulin, dite tour de la Reine-Blanche. — Belle villa.

Bois-Anzeray, 259 h., c. de Rugles.

Bois-Arnault, 760 h., c. de Rugles.

Boisemont, 540 h., c. des Andelys.

Bois-Hellain (**Le**), 285 h., c. de Cormeilles.

Bois-Jérôme-Saint-Ouen, 447 h., c. d'Écos.

Bois-le-Roi, 701 h., c. de Saint-André. ⟫⟶ Église du xiii° s., souvent remaniée; beau reliquaire du xvi° s.

Boisney, 410 h., c. de Brionne. ⟫⟶ Église (mon. hist.), en partie romane, renfermant plusieurs pierres sépulcrales et des autels provenant de l'abbaye du Bec-Hellouin. — Au cimetière, deux ifs remarquables.

Bois-Normand-près-Lyre, 501 h., c. de Rugles.

Boisset-les-Prévanches, 506 h., c. de Pacy-sur-Eure.

Boissey-le-Châtel, 412 h., c. de Bourgtheroulde. ⟫⟶ Ruines du château fort de Tilly. — Le château actuel (style de la Renaissance) est l'un des plus beaux de la Normandie.

Boissière (**La**), 203 h., c. de Saint-André.

Boissy-Lamberville, 518 h., c. de Thiberville.

Boissy-sur-Damville, 279 h., c. de Damville.

Boncourt, 142 h., c. de Pacy-sur-Eure.

Bonneville (**La**), 392 h., c. de Conches. ⟫⟶ Restes de l'abbaye de la Noë ou de Saint-Florentin, fondée en 1144 par l'impératrice Mathilde. — Église du xv° s.; verrières intéressantes.

Bonneville-Appetot, 527 h., c. de Montfort.

Bosc-Bénard-Commin, 290 h., c. de Bourgtheroulde.

Bosc-Bénard-Crescy, 187 h., c. de Bourgtheroulde.

Boscherville, 164 h., c. de Bourgtheroulde.

Bosc-Morel (Le), 208 h., c. de Broglie.

Bosc-Renoult, 165 h., c. de Bourgtheroulde.

Bosc-Renoult-en-Ouche, 205 h., c. de Beaumesnil.

Bosc-Roger (Le), 2.277 h., c. de Bourgtheroulde.

Bosgouet, 415 h., c. de Routot. ➤ Au hameau de Mallemains, dolmen connu sous le nom de la *Pierre Tournante*. — Château d'Authonne.

Bosguerard-de-Marcouville, 645 h., c. de Bourgtheroulde. ➤ Joli château.

Bosnormand, 535 h., c. de Bourgtheroulde.

Bosquentin, 205 h., c. de Lyons-la-Forêt.

Bosrobert, 565 h., c. de Brionne.

Bottereaux (Les), 246 h., c. de Rugles. ➤ Au hameau de Rebais,

Église Sainte-Croix, à Bernay.

ruines d'un château considérable.

Bouafles, 278 h., c. des Andelys.

Bouchevilliers, 118 h., c. de Gisors.

Boulay-Morin (Le), 220 h., c. d'Évreux (Nord).

Boulleville, 284 h., c. de Beuzeville.

➤ If séculaire près de l'église.

Bouquelon, 556 h., c. de Quillebeuf. ➤ Église à porte romane du xiie s.; chœur du xive.

Bouquetot, 688 h., c. de Routot. ➤ Église romane.

Bourg-Achard, 1,164 h., c. de Routot. ⟶ Chœur et transsept de l'église du xvᵉ s.; magnifiques vitraux du xvᵉ s., nef de 1829; stalles du chœur du xvᵉ s., admirablement sculptées. — Fonts baptismaux en bronze (xⁱᵉ s.), avec statues des Apôtres.

Bourg-Beaudoin, 630 h., c. de Fleury-sur-Andelle.

Bourgtheroulde, 720 h., ch.-l. de c. de l'arrond. de Pont-Audemer, près de la forêt de la Londe. ⟶ Pavillon d'entrée (buanderie) et colombier de l'ancien château. — A l'église, tour carrée du xvᵉ s. — Monument commémoratif du combat du 4 janvier 1871.

Bournainville, 388 h., c. de Thiberville.

Bourneville, 671 h., c. de Quillebeuf. ⟶ Clocher du xiiiᵉ s.

Bourth, 1,567 h., c. de Verneuil. ⟶ Belles stalles sculptées dans le chœur de l'église.

Bray, 347 h., c. de Beaumont-le-Roger.

Brestot, 598 h., c. de Montfort. ⟶ Église : clocher et parties du style roman.

Bretagnolles, 193 h., c. de Saint-André. ⟶ Dans l'église, fonts baptismaux de la Renaissance, surmontés d'un édicule en bois, de la même époque, richement sculpté; maître-autel et baldaquin en bois remarquables.

Breteuil, 1,987 h., ch.-l. de c. de l'arrond. d'Évreux. ⟶ Église du xiiᵉ s. — Restes d'un château bâti par Guillaume le Conquérant.

Bretigny, 224 h., c. de Brionne.

Breuilpont, 671 h., c. de Pacy-sur-Eure. ⟶ Deux dolmens.

Breux, 446 h., c. de Nonancourt.

Brionne, 3,765 h., ch.-l. de c. de l'arrond. de Bernay, sur la Rille et le ruisseau des fontaines de Saint-Denis. ⟶ A l'église, beau retable en marbre blanc et statue en pierre provenant de l'abbaye du Bec. — Restes d'un donjon roman. — Cimetière romain.

Broglie, 1,140 h., ch.-l. de c. de l'arrond. de Bernay, au pied d'une colline boisée, sur la Charentonne. ⟶ Église en partie du xiiᵉ s., à flèche de bois élancée; façade (mon. hist.), en poudingue brun, présentant 6 colonnes et des arcades romanes; bas-côtés du xvᵉ s. masquant la partie la plus curieuse de la nef principale; 18 belles fenêtres romanes; beaux vitraux au collatéral N. — Le château, du xviiᵉ s. (deux grosses tours, couvertes de lierre, et des pans de murailles appartiennent à un château plus ancien), contient une splendide bibliothèque (20,000 vol.; portraits d'ancêtres de la famille de Broglie; portrait de Mme de Staël par Gérard), une chapelle (peintures du plafond, belles peintures murales, splendide mosaïque copiée dans les catacombes de Rome) et est entouré d'un beau parc de 60 hect.

Brosville, 384 h., c. d'Évreux (Nord).

Bueil, 418 h., c. de Pacy-sur-Eure. ⟶ Tumulus.

Burey, 106 h., c. de Conches.

Bus-Saint-Remy, 540 h., c. d'Écos. ⟶ Vestiges de l'abbaye du Trésor.

Cahaignes, 307 h., c. d'Écos.

Caillouet-Orgeville, 278 h., c. de Pacy-sur-Eure.

Cailly, 220 h., c. de Gaillon. ⟶ Sources abondantes.

Calleville, 565 h., c. de Brionne.

Campigny, 514 h., c. de Pont-Audemer. ⟶ Camp romain.

Canappeville, 532 h., c. du Neubourg.

Cantiers, 157 h., c. d'Écos.

Caorches, 172 h., c. de Bernay. ⟶ A la ferme de Bulles, enceinte fortifiée et retranchements de fossés escarpés, d'une époque reculée.

Capelles-les-Grands, 757 h., c. de Broglie. ⟶ Restes du prieuré de Maupas.

Carsix, 396 h., c. de Bernay. ⟶ Église en partie du xiᵉ s.

Caugé, 283 h., c. d'Évreux (Sud).

Caumont, 714 h., c. de Routot.

Cauverville-en-Roumois, 184 h., c. de Routot.

Cesseville, 569 h., c. du Neubourg.

Chaignes, 171 h., c. de Pacy-sur-Eure.

Chaise-Dieu-du-Theil, 389 h., c. de Rugles. ⟶ Restes d'un prieuré de Fontevrault, primitivement abbaye de Chaise-Dieu. — Château.

Chamblac, 520 h., c. de Broglie.

Chambord, 365 h., c. de Rugles.

Chambray, 440 h., c. de Vernon. »»»→ Vaste château (mon. hist.).

Champ-Dolent, 60 h., c. de Conches. »»»→ Camp du moyen âge.

Champenard, 111 h., c. de Gaillon.

Champignolles, 70 h., c. de Rugles.

Champigny-la-Futelaye, 308 h., c. de Saint-André.

Chanteloup, 95 h., c. de Damville.

Chapelle-Bayvel (La, 406 h., c. de Cormeilles.

Chapelle-du-Bois-des-Faulx (La), 455 h., c. d'Évreux (Nord).

Chapelle-Gauthier (La), 554 h., c. de Broglie.

Chapelle-Hareng (La), 500 h., c. de Thiberville.

Chapelle-Réanville (La), 515 h., c. de Vernon.

Charleval, 1.585 h., c. de Fleury-sur-Andelle.

Château-sur-Epte, 174 h., c. d'Écos. »»»→ Ruines d'un donjon reconstruit au xiie s. par Louis VII.

Chauvincourt, 265 h., c. de Gisors.

Chavigny-Bailleul, 480 h., c. de Saint-André.

Chennebrun, 228 h., c. de Verneuil.

Chéronvilliers, 526 h., c. de Rugles.

Chesne (Le, 510 h., c. de Breteuil.

Cierrey, 174 h., c. de Pacy-sur-Eure.

Cintray, 461 h., c. de Breteuil. »»»→ Au bois de Tournevraie, tumulus à double enceinte.

Civières, 222 h., c. d'Écos. »»»→ Au hameau de Chesney, château moderne dans le style de la Renaissance.

Claville, 550 h., c. d'Évreux (Sud). »»»→ Église du xve s. avec vitraux.

Collandres, 274 h., c. de Conches.

Colletot, 158 h., c. de Pont-Audemer.

Combon, 685 h., c. de Beaumont-le-Roger.

Conches, 2.195 h., ch.-l. de c. de l'arrond. d'Évreux, sur le Rouloir. »»»→ Sur un mamelon isolé, ruines d'un donjon entouré de murs, flanqués de tours rondes; jardin public et promenades dans les cours et les fossés. — Ruines d'une abbaye de Bénédictins, où le roman se mêle au gothique du xive s. — Église (mon. hist.) du xve au xvie s.; voûtes hardies, 25 magnifiques verrières: flèche, reconstruite en 1851.

Condé-sur-Iton, 885 h., c. de Breteuil. »»»→ Château à tourelles des évêques d'Évreux, restauré.

Condé-sur-Risle, 437 h., c. de Montfort. »»»→ Sur la bruyère des Parquets, vestiges d'un camp romain.

Connelles, 205 h., c. de Pont-de-l'Arche. »»»→ Église du xie ou du xiie s.; modillons bizarrement sculptés.

Conteville, 612 h., c. de Beuzeville. »»»→ Belle vue sur l'embouchure de la Seine.

Cormeilles, 1.256 h., ch.-l. de c. de l'arrond. de Pont-Audemer, sur la Calonne. »»»→ Voie romaine.

Cormier (Le), 555 h., c. de Pacy-sur-Eure.

Corneuil, 501 h., c. de Damville.

Corneville-la-Fouquetière, 129 h., c. de Bernay.

Corneville-sur-Risle, 944 h., c. de Pont-Audemer. »»»→ Église à façade romane. — Restes d'une abbaye de 1180; la partie qui subsiste ne remonte qu'au xviie s.

Corny, 197 h., c. des Andelys.

Coudray, 229 h., c. d'Étrépagny. »»»→ Sous l'église, crypte des temps primitifs du christianisme.

Coudres, 175 h., c. de Saint-André.

Coulonges, 277 h., c. de Damville. »»»→ Fragments d'un aqueduc gallo-romain qui conduisait l'eau au Vieil-Évreux.

Courbépine, 720 h., c. de Bernay.

Courcelles-sur-Seine, 253 h., c. des Andelys. »»»→ Ruines d'un château fort.

Courdemanche, 527 h., c. de Nonancourt.

Courteilles, 290 h., c. de Verneuil.

Couture-Boussey (La), 676 h., c. de Saint-André.

Crasville, 253 h., c. de Louviers.

Crestot, 485 h., c. du Neubourg.

Créton, 287 h., c. de Damville. »»»→ Ruines d'un manoir fortifié du xiie s.

Criquebeuf-la-Campagne, 385 h., c. du Neubourg.

Criquebeuf-sur-Seine, 1,153 h., c. de Pont-de-l'Arche.

Croisille (La), 125 h., c. de Conches.

Croisy, 213 h., c. de Pacy-sur-Eure.

Croix-Saint-Leufroy (La), 685 h., c. de Gaillon. »»→ Vestiges de la tour de Crèvecœur (XIIᵉ s.). — Maison abbatiale moderne, reste de l'abbaye de la Croix. — Dans l'église paroissiale, anciens fonts baptismaux sculptés, épitaphes et tableaux.

Crosville-la-Vieille, 405 h., c. du Neubourg.

Groth, 540 h., c. de Saint-André.

Cuverville, 243 h., c. des Andelys.

Dame-Marie, 144 h., c. de Breteuil.

Damps (Les), 268 h., c. de Pont-de-l'Arche.

Dampsmesnil, 260 h., c. d'Écos.

Damville, 1,040 h., ch.-l. de c. de l'arrond. d'Évreux, sur l'Iton. »»→ Église : tour de la Renaissance et fragments de vitraux du XVᵉ s.

Dangu, 456 h., c. de Gisors. »»→ Portail et porche remarquables de l'église. — Magnifique château moderne avec parc; célèbre haras de M. de Lagrange.

Dardez, 50 h., c. d'Évreux (Nord).

Daubeuf-la-Campagne, 545 h., c. du Neubourg.

Daubeuf-près-Vatteville, 422 h., c. des Andelys. »»→ Église romane : nef voûtée en bois ; retable du XVIIIᵉ s.; dans le cimetière, croix du XVᵉ s.

Douains, 532 h., c. de Vernon. »»→ Château de Brécourt, de l'époque de Louis XIII.

Doudeauville, 230 h., c. d'Étrépagny.

Douville, 440 h., c. de Fleury-sur-Andelle. »»→ Tour en ruines au milieu des prairies, dernier vestige du château de Longempré, qu'habitait Talbot au XIIIᵉ s.—Ancienne église.— Église moderne (style du XIIIᵉ s.).

Droisy, 296 h., c. de Nonancourt.

Drucourt, 1,002 h., c. de Thiberville.

Duranville, 290 h., c. de Thiberville. »»→ A l'église, portail du XIᵉ s.

Écaquelon, 656 h., c. de Montfort. »»→ Église de la Renaissance : fragments de vitraux.

Écardenville-la-Campagne, 511 h., c. de Beaumont-le-Roger.

Écardenville-sur-Eure, 295 h., c. de Gaillon. »»→ Église : chœur et clocher du XVᵉ s.

Écauville, 110 h., c. du Neubourg.

Écos, 585 h., ch.-l. de c. de l'arrond. des Andelys, sur un affluent de l'Epte. »»→ Église du XIIIᵉ s.

Écouis, 964 h., c. de Fleury-sur-Andelle. »»→ L'église a été fondée au XIVᵉ s. par Enguerrand de Marigny ; chapelles du XVIᵉ s.; portail avec deux clochers du XVᵉ s.; le clocher du chœur et la voûte sont du XVIIIᵉ s. A l'intérieur, tombes avec épitaphes et mausolée de Jean de Marigny, archevêque de Rouen et frère d'Enguerrand. Les lambris du chœur sont ornés de riches sculptures des XVIᵉ et XVIIIᵉ s. — Un pensionnat ecclésiastique est installé dans l'ancienne collégiale.

Ecquetot, 378 h., c. du Neubourg.

Emalleville, 114 h., c. d'Évreux (Nord). »»→ Église, portail roman.

Émanville, 535 h., c. de Conches.

Épaignes, 1,477 h., c. de Cormeilles. »»→ Église : portail remarquable du XVIᵉ s.; tour du XIIIᵉ.

Épégard, 501 h., c. du Neubourg.

Épieds, 294 h., c. de Saint-André. »»→ Sur cette commune, au triège de l'Ente, pyramide commémorative (mon. hist.) de la bataille d'Ivry, à l'endroit même où Henri IV se reposa. Elle fut érigée en 1804 par Napoléon en remplacement de l'ancienne, renversée pendant la Révolution.

Épinay, 416 h., c. de Beaumesnil.

Épréville-en-Lieuvin, 469 h., c. de Saint-Georges-du-Vièvre.

Épréville-en-Roumois, 591 h., c. de Bourgtheroulde.

Épréville-près-le-Neubourg, 551 h., c. du Neubourg.

Essarts (Les), 582 h., c. de Damville. »»→ Église de la fin du XIIIᵉ s.

Étrépagny, 1,886 h., ch.-l. de c. de l'arrond. des Andelys, sur la Bonde. »»→ A l'église, très vaste (plusieurs clochers), belle statue tumulaire du XIVᵉ s.

Étréville, 794 h., c. de Routot.

Éturqueraye, 507 h., c. de Routot.
➤ Église romane du XII⁰ s.; clocher bien conservé.

Évreux, 14,627 h., ch.-l. du département, sur l'Iton, qui s'y divise en trois bras. ➤ La *cathédrale* (mon. hist., malgré de nombreux remaniements (XI⁰-XVII⁰ s. , offre un ensemble imposant et gracieux. Le portail principal est flanqué de deux tours inégales (XVI⁰ et XVII⁰ s.), dont l'une a été restaurée en 1855. Le portail N. (1511 à 1574) est un des plus riches de cette époque. Au centre de la croisée, une tour carrée, en pierre, supporte une flèche ajourée en

Pyramide d'Épieds.

charpente, recouverte de plomb, bâtie par La Balue, sous Louis XI, dénaturée par des restaurations successives et trop petite pour sa base. A l'intérieur, nef avec collatéraux, transsept et chœur entouré d'un déambulatoire; les chapelles sont au nombre de 23. La nef, remaniée de 1875 à 1880, est divisée en 7 travées par des arcades et des piliers romans, tandis que les galeries et les fenêtres qui les surmontent datent du XIII⁰ s. Le chœur, élevé aux XIII⁰ et XIV⁰ s., ses vitraux, ceux de la chapelle de la Vierge (un des chefs-d'œuvre les plus charmants de l'architecture flamboyante) et du transsept (XV⁰ et xvi° s.), les grilles de bois sculpté qui ferment quelques chapelles (Renaissance), la serrurerie de la chapelle du trésor et les stalles du chœur (xv° s.), les piscines d'autel (xvi° s.), la chaire, beau morceau de menuiserie du xvii° s., délicatement sculptée, sont particulièrement remarquables. Vitraux du xiv° au xvi° s.: le portrait de Charles le Mauvais orne une des verrières du chœur, et celui de Louis XI une verrière du transsept méridional. A côté de la cathédrale s'élèvent quelques restes d'un *cloître* ogival (musée épigraphique), bâti par La Baluc, et qu'une galerie neuve réunit à l'évêché.

Tour de l'Horloge, à Évreux.

Palais épiscopal, construit au xv° s. sur les anciennes murailles de la ville, beau monument, garni de mâchicoulis du côté des fossés. — L'*église Saint-Taurin* (mon. hist.) est celle de l'ancienne abbaye de ce nom, rebâtie vers 1026, par Richard II de Normandie. Récemment restaurée, elle a conservé plusieurs parties romanes et montre à l'extérieur, du côté du S., des arcades à plein cintre, remplies de marqueterie en ciment rouge et bleu, d'un type rare. A l'intérieur : verrières du chœur (légende de saint Taurin); bas-relief en marbre blanc (Renaissance), dans une chapelle latérale de g.; bénitier en

Cathédrale d'Évreux.

pierre du xIIIe s. Une crypte, ménagée sous le chœur, renferme le tombeau gallo-romain de saint Taurin. Le trésor contient une châsse de vermeil en forme d'église, qui est l'un des plus merveilleux produits de l'orfévrerie du xIIIe s. — Le *beffroi* (mon. hist.), tour de 44 mèt., carrée à sa base et octogonale à une certaine hauteur, est un édifice élégant de la fin du xve s. Surmonté d'une flèche en bois, recouverte de plomb, il renferme une cloche qui eut pour parrain un des fils de Charles VI. — Les *murs d'enceinte* du ve s. se reconnaissent, en plusieurs endroits, à leur épaisseur, et des dérivations forcées de l'Iton permettent de suivre la direction des vieux fossés. — Le *palais de justice* et l'*hôtel de ville* sont en construction. — Le *musée* renferme une belle collection de médailles et de poteries antiques, plusieurs inscriptions, deux magnifiques statues de bronze, divers objets provenant des fouilles faites au Vieil-Évreux, le moule en plâtre d'un coquillage gigantesque, fossile trouvé près de Gisors, etc. — Les *Archives départementales*, dont le bâtiment a servi de modèle à d'autres départ., renferment plusieurs manuscrits précieux du xIIIe s., entre autres les cartulaires des abbayes de Préaux et de Saint-Taurin et du chapitre d'Évreux. — Nous signalerons encore: l'*abbaye de Saint-Sauveur* (débris de l'église; xIIe et xvie s.), transformée en *caserne*; le *grand séminaire*, derrière Saint-Taurin; l'ancien *séminaire des Eudistes*, occupé aujourd'hui par la *prison* et la *cour d'assises*; — le *lycée*, nouvelle construction en briques, trop semblable à une fabrique; — l'immense *asile des aliénés*, à 5 kil. — Les principales promenades d'Évreux sont : le *jardin des plantes*, disposé en amphithéâtre près du chemin de fer; l'*allée des Soupirs*, derrière les jardins de l'évêché; le *pré du Bel-Ébat*, ou Champ de Mars; la route de Caen, plantée d'arbres magnifiques.

Ezy, 1.525 h., c. de Saint-André. »»—→ Près d'une fontaine abondante, chapelle souterraine de Saint-Germain-la-Truite xIIIe s.), pèlerinage très fréquenté.

Fains, 217 h., c. de Pacy-sur-Eure.

Farceaux, 354 h., c. d'Étrépagny.

Fatouville-Grestain, 595 h., c. de Beuzeville. »»—→ Porte latérale de l'église du xIe s.—Débris de l'abbaye de Grestain (xIe s.). — Château de la Pommeraye. — Retranchement (moyen âge) du Val aux Anglais. — Du mont Courel, belle vue sur l'embouchure de la Seine. — Beau phare.

Fauville, 116 h., c. d'Évreux (Sud).

Faverolles-la-Campagne, 161 h., c. de Conches.

Faverolles-les-Mares, 173 h., c. de Thiberville.

Favril (Le), 401 h., c. de Thiberville.

Ferrière-sur-Risle (La), 365 h., c. de Conches. »»—→ Dans l'église, retable de la Renaissance, richement sculpté; tour du xIIIe s.; vestiges d'une forteresse.

Ferrières-Haut-Clocher, 352 h., c. de Conches.

Ferrières-Saint-Hilaire, 403 h., c. de Broglie. »»—→ Fossés de l'ancien château fort.

Feuguerolles, 214 h., c. du Neubourg. »»—→ Château.

Fidelaire (Le), 1,260 h., c. de Conches.

Fiquefleur-Équainville, 516 h., c. de Beuzeville. »»—→ Église romane.

Flancourt, 403 h., c. de Bourgtheroulde.

Fleury-la-Forêt, 604 h., c. de Lyons-la-Forêt. »»—→ Château rebâti à la fin du xvIIe s.

Fleury-sur-Andelle, 1,457 h., ch.-l. de c. de l'arrond. des Andelys. »»—→ Église élégante, reconstruite en 1846, dans le style ogival; chaire en bois; bel autel en bois; tableau de Courbet (Couronnement de la Vierge).

Flipou, 272 h., c. de Fleury-sur-Andelle.

Folleville, 551 h., c. de Thiberville.

Fontaine-Bellenger, 271 h., c. de Gaillon.

Fontaine-Heudebourg, 214 h., c. de Gaillon.

Fontaine-l'Abbé, 701 h., c. de Bernay.

Fontaine-la-Louvet, 657 h., c. de Thiberville.

Fontaine-la-Soret, 521 h., c. de Beaumont-le-Roger. ⟫—→ Église à nef romane accompagnée d'un clocher de même style (mon. hist.). — Joli château du XVIIIe s.

Fontaine-sous-Jouy, 504 h., c. d'Évreux (Sud).

Fontenay, 552 h., c. d'Écos. ⟫—→ Le château de Beauregard, où est né Chaulieu, conserve le parc dont ce poëte a célébré les agréments dans ses *Louanges de la vie champêtre*.

Forêt-du-Parc (La), 268 h., c. de Saint-André.

Forêt-la-Folie (La), 518 h., c. d'Écos.

Fort-Moville, 846 h., c. de Beuzeville. ⟫—→ Église romane.

Foucrainville, 100 h., c. de Saint-André.

Foulbec, 460 h., c. de Beuzeville. ⟫—→ Église romane ornée d'un joli portail et à laquelle est adossé un if mesurant 2 mèt. 55 c. de diamètre.

Fouqueville, 441 h., c. d'Amfreville. ⟫—→ Église : nef du XIIe s.; tour du XVe s.; joli retable en chêne.

Fourges, 419 h., c. d'Écos.

Fourmetot, 516 h., c. de Pont-Audemer. ⟫—→ Église de la fin du XIIe s.; belle tour. — Château du Hamel. — Ferme de l'Épinée, offrant des traces de l'architecture du XIIIe s.

Fours, 252 h., c. d'Écos.

Francheville, 1,651 h., c. de Breteuil.

Franqueville, 212 h., c. de Brionne.

Freneuse-sur-Risle, 776 h., c. de Montfort.

Fresne (Le), 271 h., c. de Conches.

Fresne-Cauverville, 406 h., c. de Cormeilles.

Fresne-l'Archevêque, 174 h., c. des Andelys.

Fresney, 241 h., c. de Saint-André.

Frétils (Les), 94 h., c. de Rugles.

Gadencourt, 195 h., c. de Pacy-sur-Eure.

Gaillardbois-Cressenville, 100 h., c. de Fleury-sur-Andelle.

Gaillon, 3,474 h., ch.-l. de c. de l'arr. de Louviers. ⟫—→ Le magnifique château (mon. hist.) bâti en 1515 par Georges d'Amboise est devenu, en 1812, une maison centrale de détention, et les constructions modernes ont entièrement modifié l'édifice de la Renaissance. Le porche d'entrée, flanqué de quatre jolies tours, avec inscriptions et bas-reliefs, le beffroi de l'horloge et une tour de la chapelle ont été conservés. L'admirable portique qui séparait les deux cours orne le palais des Beaux-Arts, à Paris.—Dans la Grand'Rue, magnifique maison en bois du XVe s. — Débris d'un couvent de Chartreux. — Colonie agricole de Douaires.

Gamaches, 415 h., c. d'Étrépagny. ⟫—→ Souterrain et autres traces de l'ancien château, qui fut l'une des plus importantes forteresses du Vexin.

Garencières, 275 h., c. de Saint-André.

Garennes, 609 h., c. de Saint-André.

Gasny, 850 h., c. d'Écos.

Gauciel, 176 h., c. d'Évreux (Sud).

Gaudreville, 158 h., c. de Conches.

Gauville-la-Campagne, 184 h., c. d'Évreux (Nord).

Gisay, 456 h., c. de Beaumesnil.

Gisors, 4,047 h., ch.-l. de c. de l'arr. des Andelys, sur l'Epte, la Troëne et le Réveillon. ⟫—→ Le château (mon. hist.), du XIIe s., présente encore un ensemble imposant de tours et de murailles en ruine environnées de massifs de verdure. Il forme deux enceintes flanquées de contre-forts; celle du centre renferme un donjon polygonal. La tour du Prisonnier, à l'un des angles de la première enceinte, renferme, dans un étage inférieur, des sculptures représentant des scènes de la Passion. Un prisonnier mystérieux a gravé, dit-on, ces figures avec une pointe de clou, en suivant, dans son travail, le déplacement du mince rayon de soleil que laisse pénétrer une meurtrière. Une partie du château sert de halle. Le reste a été restauré avec habileté. — L'église (mon. hist.) se compose de 5 nefs et d'une ceinture de chapelles. Le chœur (1240) montre sur ses vitraux les portraits en pied de Blanche de

Castille et de Louis VIII. Le portail N. est un magnifique spécimen du style fleuri de la Renaissance ; ses 2 portes en chêne sont des chefs-d'œuvre de sculpture. Le portail S. est décoré de nombreuses statuettes. Nu en bas, délicatement sculpté en haut, le clocher est assez imposant. On remarque à l'intérieur de curieux piliers, la tribune de l'orgue restaurée en 1844, la chaire, le banc d'œuvre, de beaux vitraux, des sculptures magnifiques, attribuées à Jean Goujon, et de nombreux tableaux du xvi⁰ s. — Ancienne chapelle du couvent des Annonciades. — Curieuse maison en bois, de la Renaissance. — Porte romane de l'ancienne maladrerie. — Statue en marbre du général de Blanmont, par Desbœufs, à l'entrée de la principale promenade, près des ruines du château. — Divers couvents transformés en bâtiments publics. — Hôpital monumental ; sa chapelle renferme de belles peintures murales de M. Denuelle et de beaux vitraux de M. Cl. Lavergne.

Giverny, 306 h., c. d'Écos.

Giverville, 546 h., c. de Thiberville.

Glisolles, 311 h., c. de Conches. ⟫⟫→Église : clocher aigu, défiguré par des restaurations modernes; à l'intérieur, curieuses statues gothiques. — Château, en briques et pierres, du duc de Clermont-Tonnerre (xviii⁰ s.); beau parc planté de pins.

Glos-sur-Risle, 387 h., c. de Montfort.

Goulafrière (La), 391 h., c. de Broglie.

Goupillières, 940 h., c. de Beaumont-le-Roger.

Gournay, 222 h., c. de Verneuil.

Gouttières, 301 h., c. de Beaumesnil.

Gouville, 278 h., c. de Damville. ⟫⟫→ Sur les bords de l'Iton, joli château de Chambry, bâti du temps d'Henri IV (mon. hist.). — Il reste d'un château du xiii⁰ s. une gracieuse chapelle et une porte flanquée de tourelles.

Grainville, 475 h., c. de Fleury-sur-Andelle.

Grand-Camp, 409 h., c. de Broglie.

Grandchain, 250 h., c. de Beaumesnil.

Grandvilliers, 248 h., c. de Damville.

Graveron-Sémerville, 201 h., c. d'Évreux (Nord).

Gravigny, 741 h., c. d'Évreux (Nord). ⟫⟫→ Restes d'une maladrerie.

Grosley, 552 h., c. de Beaumont-le-Roger. ⟫⟫→ La Rille, après avoir disparu sous terre, reparaît à la Fontaine-Roger.

Grossœuvre, 434 h., c. de Saint-André. ⟫⟫→ Belles ruines d'un château féodal; la tour Saint-Louis, dite la vieille tour, cachée sous le lierre, est en briques et en pierre. — Église du xvi⁰ s.

Gros-Theil (Le), 830 h., c. d'Amfreville.

Guernanville, 183 h., c. de Breteuil.

Guerny, 170 h., c. de Gisors. ⟫⟫→ Chêne remarquable dit chêne de Notre-Dame.

Guéroulde (Le), 932 h., c. de Breteuil.

Guichainville, 397 h., c. d'Évreux (Sud).

Guiseniers, 407 h., c. des Andelys.

Guitry, 330 h., c. d'Écos. ⟫⟫→ Église (restaurée) ornée de verrières. — Restes d'une forteresse.

Hacqueville, 451 h., c. d'Étrépagny.

Harcourt, 967 h., c. de Brionne. ⟫⟫→ Chapelle romane (mon. hist.) d'une ancienne maladrerie du xi⁰ s., enclavée dans les bâtiments de l'hospice (1695). — Dans l'église paroissiale, curieux fonts baptismaux et chœur du xii⁰ s. — Les ruines imposantes de l'ancienne forteresse d'Harcourt (mon. hist. de 1090 à 1100; le bâtiment central semble de la fin du xiv⁰ s.) bornent le château moderne. — Restes de l'abbaye du Parc.

Hardencourt, 166 h., c. de Pacy-sur-Eure.

Harengère (La), 477 h., c. d'Amfreville.

Haricourt, 84 h., c. d'Écos.

Harquency, 278 h., c. des Andelys. ⟫⟫→ Restes d'une commanderie de Malte, à Bourgout.

Église Saint-Gervais, à Gisors.

Hauville, 1,227 h., c. de Routot. ⟫⟶ Église du XIᵉ s.

Haye-Aubrée (La), 581 h., c. de Routot. ⟫⟶ Église romane.

Haye-de-Calleville, 365 h., c. de Brionne.

Haye-de-Routot (La), 242 h., c. de Routot. ⟫⟶ Église romane. — Deux ifs du cimetière ont l'un 12 mèt. (chapelle), l'autre 8 mèt. de tour.

Haye-du-Theil (La), 350 h., c. d'Amfreville.

Haye-le-Comte (La), 42 h., c. de Louviers.

Haye-Malherbe (La), 1,350 h., c. de Louviers.

Haye-Saint-Sylvestre (La), 446 h., c. de Rugles.

Hebécourt, 557 h., c. de Gisors.

Hecmanville, 193 h., c. de Brionne.

Hécourt, 257 h., c. de Pacy-sur-Eure.

Hectomare, 223 h., c. du Neubourg.

Hellenvilliers, 182 h., c. de Damville.

Hennezis, 525 h., c. des Andelys.

Herqueville, 76 h., c. de Pont-de-l'Arche.

Heubécourt, 221 h., c. d'Écos.

Heudebouville, 580 h., c. de Louviers.

Heudicourt, 623 h., c. d'Étrépagny. ⟫⟶ Château entouré de fossés (1661).

Heudreville-en-Lieuvin, 357 h., c. de Thiberville.

Heudreville-sur-Eure, 685 h., c. de Gaillon.

Heunière (La), 180 h., c. de Vernon.

Heuqueville, 292 h., c. des Andelys.

Hogues (Les), 973 h., c. de Lyons-la-Forêt.

Hondouville, 593 h., c. de Louviers. ⟫⟶ Ancien manoir. — Sources abondantes faisant mouvoir un moulin.

Honguemare, 467 h., c. de Routot.

Houetteville, 186 h., c. du Neubourg.

Houlbec-Cocherel, 483 h., c. de Vernon.

Houlbec-près-le-Gros-Theil, 205 h., c. d'Amfreville.

Houssaye (La), 200 h., c. de Beaumont-le-Roger.

Houville, 189 h., c. de Fleury-sur-Andelle.

Huest, 196 h., c. d'Évreux (Sud.)

Igoville, 483 h., c. de Pont-de-l'Arche. ⟫⟶ Ancien château fort avec chapelle dans le manoir.

Illeville-sur-Montfort, 717 h., c. de Montfort. ⟫⟶ Église romane. — Enceinte retranchée dans la forêt de Montfort. — Motte d'un ancien château, appelée le Vieux-Montfort.

Illiers-l'Évêque, 700 h., c. de Nonancourt. ⟫⟶ Ruines d'un château fort (XIIᵉ s.). — Dans l'église, gracieuse chapelle du XVIᵉ s.

Incarville, 506 h., c. de Louviers

Infreville, 554 h., c. de Bourgtheroulde.

Irreville, 178 h., c. d'Évreux (Nord).

Iville, 466 h., c. du Neubourg. ⟫⟶ Église : chœur du XIIIᵉ s., avec magnifique retable à colonnes torses, style Louis XIV ; chapelle du XVIᵉ s. ; clocher svelte de la Renaissance.

Ivry-la-Bataille, 991 h., c. de Saint-André. ⟫⟶ Vestiges d'une triple enceinte et de fortifications imposantes. — Restes de l'abbaye d'Ivry ; curieux portail roman bien conservé. — Église bâtie par Philibert Delorme. —

Jonquerets-de-Livet, 376 h., c. de Beaumesnil.

Jouveaux, 155 h., c. de Cormeilles.

Jouy-sur-Eure, 424 h., c. d'Évreux (Sud). ⟫⟶ Église en grande partie du XVᵉ s. ; vitraux du XVIᵉ. — Entre Jouy et Hardencourt, pyramide commémorative de la bataille de Cocherel (V. Histoire).

Juignettes, 238 h., c. de Rugles. ⟫⟶ Dans l'église de la Selle, 12 curieux bas-reliefs en albâtre figurant la vie de Jésus-Christ.

Jumelles, 155 h., c. de Saint-André.

Lande (La), 243 h., c. de Beuzeville.

Landepéreuse, 598 h., c. de Beaumesnil.

Landin (Le), 238 h., c. de Routot.

Launay, 302 h., c. de Beaumont-le-Roger.

Léry, 1,028 h., c. de Pont-de-l'Arche. ⟫⟶ Belle église du XIᵉ et du XIIᵉ s. — Pans de murs d'un château bâti par la reine Blanche et détruit en 1814.

Letteguives, 203 h., c. de Fleury-sur-Andelle.

L'Habit, 386 h., c. de Saint-André.

L'Hosmes, 151 h., c. de Damville.

Lieurey, 1,892 h., c. de Saint-Georges-du-Vièvre. ⟫⟶ Église : clocher massif et extrémité O. de la nef du xiᵉ s.

Lignerolles, 224 h., c. de Saint-André.

Lilly, 155 h., c. de Lyons-la-Forêt.

Lisors, 411 h., c. de Lyons-la-Forêt. ⟫⟶ Ruines de l'abbaye de Mortemer (fin du xiiiᵉ s.).

Livet-sur-Authou, 257 h., c. de Brionne.

Longchamps, 657 h., c. d'Étrépagny. ⟫⟶ Ruines d'un château fort, détruit au xvᵉ s.

Lorleau, 296 h., c. de Lyons-la-Forêt.

Louversey, 292 h., c. de Conches.

Louviers, 10,975 h., ch.-l. d'arrond., sur les divers bras de l'Eure, qui fait mouvoir de nombreuses et importantes usines. ⟫⟶ La vieille ville est presque toute bâtie en bois; la ville neuve est en pierres et en briques; quelques-unes de ses filatures et de ses fabriques offrent un aspect monumental, avec leurs hautes cheminées et leurs vastes façades en briques. — *Notre-Dame*, église gothique, à 5 nefs; la tour carrée de la façade N. ressemble plutôt à celle d'une forteresse qu'à celle d'une église; les nefs et le chœur sont du xiiiᵉ s.; le portail du S., précédé d'un magnifique porche, est une des œuvres les plus riches et les plus gracieuses du xvᵉ s. A l'intérieur de l'église, on remarque : l'élévation de la grande nef et ses gros piliers, dont les chapiteaux portent les statues, grandeur naturelle, des Apôtres; la double rangée de 6 fenêtres décorée de vitraux qui ornent la nef principale; une charmante chaire en bois sculpté; les belles verrières du chœur; le tombeau gothique du sieur d'Esternay; un groupe en pierre (l'Ensevelissement du Christ, 7 personnages de grandeur naturelle); plusieurs statues modernes et un autel construit avec des bas-reliefs du moyen âge. — *Maison* du xiiᵉ s., qui a, dit-on, appartenu aux Templiers. — Vaste *hôtel de ville* en briques. — *Bibliothèque* de 9,000 vol.; *musée*.

Louye, 255 h., c. de Nonancourt.

Lyons-la-Forêt, 1,323 h., ch.-l. de c. de l'arrond. des Andelys. ⟫⟶ Église : énorme tour carrée; vitraux; au retable du maître-autel, la Mort de la Vierge, tableau de J. Jouvenet.

Madeleine-de-Nonancourt (**La**), 810 h., c. de Nonancourt.

Mainneville, 539 h., c. de Gisors. ⟫⟶ Beau château du xviᵉ s.

Malleville-sur-le-Bec, 326 h., c. de Brionne.

Malouy, 211 h., c. de Bernay.

Mandeville, 218 h., c. d'Amfreville.

Mandres, 280 h., c. de Verneuil.

Manneville-la-Raoult, 485 h., c. de Beuzeville. ⟫⟶ Débris antiques.

Manneville-sur-Risle, 755 h., c. de Pont-Audemer.

Manoir (**Le**), 287 h., c. de Pont-de-l'Arche. ⟫⟶ Pont du chemin de fer (6 arches).

Manthelon, 351 h., c. de Damville.

Marais-Vernier, 560 h., c. de Quillebeuf. ⟫⟶ Église du commencement du xiiᵉ s. — Lac poissonneux de Grande-Mare. — A la Pointe de la Roque, camp des Anglais et grotte de Saint-Béranger.

Marbeuf, 542 hab., c. du Neubourg.

Marcilly-la-Campagne, 742 h., c. de Nonancourt. ⟫⟶ Château ruiné.

Marcilly-sur-Eure 630 h., c. de Saint-André. ⟫⟶ Ruines de l'abbaye du Breuil-Benoit (xiiᵉ s.); la nef de l'église, rendue au culte (châsse de saint Eutrope, xviᵉ s.) et le manoir abbatial (importante collection d'art et d'antiquités) sont conservés.

Martagny, 295 h., c. de Gisors.

Martainville-en-Lieuvin, 527 h., c. de Beuzeville. ⟫⟶ Beaux vitraux dans l'église.

Martot, 527 h., c. de Pont-de-l'Arche.

Mélicourt, 151 h., c. de Broglie.

Menesqueville, 300 h., c. de Fleury-sur-Andelle. ⟫⟶ Église romane; tombeaux de 1666 et 1667; bel autel en bois sculpté.

Menilles, 758 h., c. de Pacy-sur-Eure. ⟫⟶ Château du xviᵉ s., dans une belle situation.

Menneval, 815 h., c. de Bernay. ⟶ Villa des Trois-Vals, édifice du style arabe renfermant une curieuse collection d'antiquités et d'objets d'art (bas-reliefs, armures, etc.) rapportés d'Orient par M. Lottin.— Villa de la Folie-Fossé.—Château : beau parc.—Dans l'église, pierre tombale du xive s.

Mercey, 61 h., c. de Vernon.

Merey, 149 h., c. de Pacy-sur-Eure. ⟶ Château en ruines, entouré d'un parc aux murs flanqués de tours.

Mesnil-Fuguet (Le), 81 h., c. d'Évreux (Nord).

Mesnil-Hardray (Le), 134 h., c. de Conches. ⟶ Restes d'un château.

Mesnil-Jourdain (Le), 288 h., c. de Louviers.

Mesnil-Roussel, 182 h., c. de Broglie. ⟶ Église : portail et tour du xve s.; à l'intérieur, petit groupe en marbre (Enfant jouant avec une tête de Mort).

Mesnil-sous-Vienne, 170 h., c. de Gisors.

Mesnil-sur-l'Estrée, 475 h., c. de Nonancourt. ⟶ Restes de l'abbaye de l'Estrée, et vaste établissement d'imprimerie et de papeterie fondé par Firmin Didot.

Mesnil-Verclives, 380 h., c. de Fleury-sur-Andelle. ⟶ Château.

Mézières, 485 h., c. d'Écos.

Minières (Les), 167 h., c. de Damville.

Miserey, 297 h., c. d'Évreux (Sud).

Moisville, 197 h., c. de Nonancourt.

Montaure, 1,250 h., c. de Pont-de-l'Arche. ⟶ Église et crypte romanes. — Fontaine qui passe pour miraculeuse.

Montfort-sur-Risle, 588 h., ch.-l. de c. de l'arr. de Pont-Audemer. ⟶ Ruines imposantes (elles couvrent près de 5 hect.) de l'ancien château, l'un des plus forts et des plus vastes de la Normandie au moyen âge, démoli en 1204 par Jean Sans-Terre. — Église : portail du xvie s.; porte latérale du xve; détails du xiiie. A l'intérieur, beau retable du xviie s.; porte-châsse en bois sculpté du xviie s.; statues de saint Pierre, saint Paul, sainte Clotilde, sainte Marie l'Égyptienne, jolie statue de Notre-Dame-de-Pitié.

Montreuil-l'Argillé, 798 h., c. de Broglie. ⟶ Église ancienne, assez remarquable.

Morainville-près-Lieurey, 658 h., c. de Cormeilles.

Morainville-sur-Damville, 217 h., c. de Damville.

Morgny, 817 h., c. d'Étrépagny.

Morsan, 250 h., c. de Brionne.

Mouettes, 488 h., c. de Saint-André.

Mouflaines, 268 h., c. d'Étrépagny.

Mousseaux-Neuville, 417 h., c. de Saint-André.

Muids, 720 h., c. de Gaillon.

Muzy, 504 h., c. de Nonancourt.

Nagel, 123 h., c. de Conches.

Nassandres, 695 h., c. de Beaumont-le-Roger. ⟶ La chapelle Saint-Éloi, dépendant autrefois du prieuré de Saint-Lambert de Malassis, est très-importante malgré sa petite dimension ; c'est une petite nef longue de 6 mèt. avec abside en cul-de-four; sur l'autel, charmante croix en bois sculpté, du xve s. Une petite source sort de terre sous la chapelle. — Vis-à-vis, petite construction romane englobée dans une maison du xvie s. qu'habitèrent Châteaubriand et Mme Récamier. — Chapelle (portail de transition) de l'ancien château de Thibouville. — Beau château de M. d'Epremesnil.

Neaufles-Saint-Martin, 717 h., c. de Gisors. ⟶ Restes d'un donjon circulaire du xiie s. (mon. hist.). — Château des xviie et xviiie s.

Neaufles-sur-Risle, 476 h., c. de Rugles. ⟶ Dans la vallée, pierre levée ou menhir haut de 5 mèt. 25 c., appelé la *Pierre de Gargantua*.—Ruines d'un château fort.

Neubourg (Le), 2,433 h., ch.-l. de c. de l'arrond. de Louviers, sur un plateau sans eau, mais très-fertile. ⟶ L'église (xve s.), transition du gothique à la Renaissance, présente cette singularité que les collatéraux se rejoignent en formant un angle derrière le maître-autel; chaire de la Renaissance et lutrin. — Ruines d'un château où furent joués, sous Louis XIV, les premiers opéras en France; hautes mu·

Église Notre-Dame, à Louviers.

railles flanquées de tours avec mâchicoulis ; porte d'une salle ornée d'élégants
chapiteaux du xiii° s. — A 4 kil., château du Champ-de-Bataille.

Neuilly, 169 h., c. de Pacy-sur-Eure.
⟶ Restes d'un manoir.

Neuve-Grange (La), 255 h., c.
d'Étrépagny.

Neuve-Lyre (La), 694 h., c. de
Rugles. ⟶ Église du xiii° s.

Neuville-du-Bosc (La), 660 h., c.
de Brionne. ⟶ Ancien monastère
dont il reste la chapelle Saint-Lubin,
joli petit édifice roman servant de
grange (pourtour de l'abside divisé en
9 arcatures fort curieuses et d'un très-
beau dessin, que séparent des colonnes
à chapiteaux remarquablement sculptés).

Neuville-sur-Authou, 292 h., c. de
Brionne.

Noards, 210 h., c. de Saint-Georges-
du-Vièvre.

Noë-Poulain (La), 244 h., c. de
Saint-Georges-du-Vièvre.

Nogent-le-Sec, 369 h., c. de Conches.

Nojeon-le-Sec, 565 h., c. d'Étrépagny.

Nonancourt, 1,985 h., ch.-l. de c. de
l'arrond. d'Évreux. ⟶ Quelques débris de murailles et 5 tours en cailloux
sans caractère sont [le seul reste des
fortifications. — Dans l'église (xvi° s.),
et 5 nefs, assez beaux vitraux.

Normanville, 274 h., c. d'Évreux
(Nord). ⟶ Église : belle nef du
xv° s., vitraux et remarquable voûte
en bois de la même époque.

Notre-Dame-d'Épine, 165 h., c. de
Brionne.

Notre-Dame-de-l'Isle, 474 h., c.
des Andelys.

Notre-Dame-du-Hamel, 476 h., c.
de Broglie. ⟶ Vestiges de la forteresse de Pont-Échanfray.

Notre-Dame-du-Vaudreuil, 940 h.,
c. de Pont-de-l'Arche. ⟶ Église
offrant un beau portail du style roman
orné du xii° s.

Noyer-en-Ouche (Le), 450 h., c.
de Beaumesnil.

Noyers, 172 h., c. de Gisors.

Ormes, 385 h., c. de Conches.

Orvaux, 165 h., c. de Conches.

Pacy-sur-Eure, 1,810 h., ch.-l. de
c. de l'arrond. d'Évreux, au point où
l'Eure devient navigable. ⟶ Vestiges
des fortifications. — Église (mon. hist.,
du xiii° s.; chœur du xiv°) en partie du
style ogival primitif ; détails de l'époque
de transition et traces du style roman
du xii° s.; dans la nef, grandes verrières modernes. — Ancien édifice du
xvi° s. (rue des Moulins) avec pignon
percé de fenêtres à croix et décoré de
deux gargouilles.

Panilleuse, 285 h., c. d'Écos.

Panlatte, 133 h., c. de Nonancourt.

Parville, 118 h., c. d'Évreux (Nord).

Perriers-la-Campagne, 265 h., c.
de Beaumont-le-Roger.

Perriers-sur-Andelle, 1,087 h., c.
de Fleury-sur-Andelle.

Perruel, 440 h., c. de Fleury-sur-
Andelle. ⟶ Ancienne abbaye de l'Isle-
Dieu, transformée en filature.

Piencourt, 459 h., c. de Thiberville.

Pinterville, 415 h., c. de Louviers.
⟶ Nombreux fragments de canaux
romains en terre cuite. — Le château
(xviii° s.) a été habité par Bernardin
de Saint-Pierre. — Dans le cimetière,
croix du xv° s. — Près de l'église, restes d'un couvent; porte cintrée en
bois à personnages sculptés.

Piseux, 505 h., c. de Verneuil.

Pîtres, 888 h., c. de Pont-de-l'Arche. ⟶ L'église a des fragments
romains dans sa construction. — Découverte d'un vaste hypocauste et de
constructions qui peuvent avoir appartenu au palais de Charles le Chauve.

Places (Les), 154 h., c. de Thiberville.

Plainville, 225 h., c. de Bernay.

Planches (Les), 99 h., c. de Louviers.

Planquay (Le), 359 h., c. de Thiberville.

Plasnes, 661 h., c. de Bernay.

Plessis-Grohan (Le), 297 h., c.
d'Évreux (Sud). ⟶ Restes assez
bien conservés de l'aqueduc romain
du Vieil-Évreux.

Plessis-Hébert (Le), 231 h., c.
de Pacy-sur-Eure.

Plessis-Sainte-Opportune, 411 h., c. de Beaumont-le-Roger.

Pont-Audemer, 5,942 h., ch.-l. d'arrond., entre deux collines boisées, sur la Rille, divisée en plusieurs bras, au point où cette rivière devient navigable, sur la Tourville et le Doult-de-Vitran. ⤳ L'église Saint-Ouen est un magnifique monument inachevé du XIe (chœur) et des XVe et XVIe s., orné d'un beau portail ; tour carrée avec flèche couverte d'ardoises ; la nef, non voûtée, d'un bel effet, offre le mélange de l'ogive et de la Renaissance ; le chœur a été défiguré par des restaurations maladroites ; dans les collatéraux, vitraux (mon. hist.) ; à la chapelle des fonts, magnifique cuve baptismale en pierre et jolie porte en bois sculpté ; la plupart des chapelles offrent de curieux vitraux et de jolis lavabos, des boiseries sculptées, des bas-reliefs ; grands tableaux : Jésus conférant à saint Pierre le pouvoir des clefs ; une Nativité (1718) de Bertin ; jolie petite tribune en pierre ; boiseries de l'orgue ; maître-autel en bois ; immense tableau du Sacrifice d'Abraham. — L'église Saint-Germain, du XIe s. (?), souvent remaniée, est surmontée d'un clocher ogival du XIIIe s. — Il ne reste que la nef de l'église de Notre-Dame-du-Pré, construction romane où l'ogive commence à se montrer ; elle sert de magasin. — Dans l'église de l'hospice : magnifique fenêtre flamboyante ; bel autel en bois, du XIVe s. ; groupe en pierre représentant le Miracle de la Salette ; vitraux modernes. — Hôtel de ville moderne. — Beaux quais.

Pont-Authou, 505 h., c. de Montfort. ⤳ Nombreuses substructions antiques.

Pont-de-l'Arche, 1.618 h., ch.-l. de c. de l'arrond. de Louviers, sur la Seine (pont de 10 arches). ⤳ Église du XVe s. (mon. hist.), inachevée ; nef remarquable par son élévation ; beaux vitraux, dont quelques-uns du XIVe s. ; magnifique retable en bois sculpté du commencement du XVIIe s. ; buffet d'orgue du style Louis XIII ; stalles du chœur ; au retable du maître-autel, tableau de Le Tourneur (la Résurrection,

1642). — Restes des fortifications ; maisons de bois ornées de sculptures. — Vaste réfectoire du XIIIe s. et quelques bâtiments, restes de l'abbaye de Bonport, sur un bras du fleuve.

Pont-Saint-Pierre, V. Saint-Nicolas-de-Pont-Saint-Pierre.

Porte-Joie, 169 h., c. de Pont-de-l'Arche.

Portes, 249 h., c. de Conches. ⤳ Près de l'église, motte et doubles fossés d'une forteresse démolie vers 1200.

Port-Mort, 450 h., c. des Andelys. ⤳ Pierre druidique. — A Châteauneuf, débris d'une forteresse construite par Philippe Auguste.

Poses, 1,047 h., c. de Pont-de-l'Arche.

Poterie-Mathieu (La), 563 h., c. de Saint-Georges-du-Vièvre.

Préaux (Les), 447 h., c. de Pont-Audemer. ⤳ Ruines informes de l'abbaye de Saint-Pierre-des-Préaux. Sur un coteau qui domine ces ruines, s'élève l'église, petit édifice roman bien conservé, mais défiguré par l'addition de deux chapelles sans style.

Pressagny-l'Orgueilleux, 327 h., c. d'Écos. ⤳ Prieuré de la Madeleine, dont la fondation remonte aux croisades ; dans la chapelle, tombeau de saint Adjutor. — Château de la Madeleine, longtemps habité par Casimir Delavigne.

Prey, 279 h., c. de Saint-André. ⤳ Porte S. de l'église très-élégamment sculptée (XVIe s.). — La ferme qui borde l'église est un ancien manoir fortifié.

Provemont, 97 h., c. d'Étrépagny.

Puchay, 652 h., c. d'Étrépagny.

Pullay, 292 h., c. de Verneuil.

Pyle (La), 159 h., c. d'Amfreville. ⤳ Les voûtes de l'église portent des culs-de-lampe (style de la Renaissance) remarquablement sculptés.

Quatremare, 544 h., c. de Louviers.

Quessigny, 108 h., c. de Saint-André. ⤳ Restes d'un manoir fortifié.

Quillebeuf, 1,402 h., ch.-l. de c. de l'arrond. de Pont-Audemer, sur la Seine. ⤳ Le clocher, la nef et le portail de l'église sont du XIe s. ; un des vitraux représente une procession de la confrérie de la Charité à l'époque d'Henri IV.—Ancien château d'Henri IV. — Phares.

Quittebeuf, 541 h., c. d'Évreux Nord).

Radepont, 928 [h., c. de Fleury-sur-Andelle. »»—→ Voie romaine. — Dans le magnifique parc du château (fin du xviii° s.), ruines d'une forteresse prise par Philippe Auguste ; tour de Jean Sans-Terre ; cachot et 1ᵉʳ étage de a tour Richard Cœur-de-Lion. — Au sommet de la colline, vieille chapelle Saint-Bernard, petit ermitage, et, dans une sombre gorge, ruines très pittoresques de l'abbaye de Fontaine-Guérard, du temps de saint Louis. — En face, chapelle du xv° s., sous laquelle s'ouvre une crypte du xii° s. — Bonnemare, château de plaisance habité par Charles VII, n'a conservé qu'une partie de son architecture primitive.— Une maison abbatiale, seul reste de 'importante abbaye de Fontaine-Guérard, a été transformée en filature. — L'église renferme des statues, le tombeau de Dubosc, maréchal-de-camp, mort en 1806, et un retable fort précieux (la Résurrection).

Renneville, 179 h., c. de Fleury-sur-Andelle.

Reuilly, 254 h., c. d'Évreux (Nord).

Richeville, 305 h., c. d'Étrépagny.

Roman, 319 h., c. de Damville.

Romilly-la-Puthenaye, 450 h., c. de Beaumont-le-Roger. »»—→ Château de la Charbonnière.

Romilly-sur-Andelle, 1,580 h., c. de Fleury-sur-Andelle.

Roncenay (**Le**), 47 h., c. de Damville.

Roquette (**La**), 156 h., c. des Andelys.

Rosay, 825 h., c. de Lyons-la-Forêt. »»—→ Château : beau parc. — Église : tour romane.— Dans le cimetière, tombeau en marbre blanc d'une marquise de Rosay, morte en 1778.

Rougemontiers, 594 h., c. de Routot. »»—→ Sous le porche de l'église, pierre sur laquelle est gravée la date de l'expulsion des Anglais de Pont-Audemer.

Rouge-Perriers, 551 h., c. de Beaumont-le-Roger.

Roussière (**La**), 560 h., c. de Beaumesnil.

Routot, 900 h., ch.-l.de c. de l'arrond. de Pont-Audemer.»»—→ L'église, sans collatéraux ni transsept (tour carrée), est un remarquable monument du xii° s.; portail du xvi°.

Rouvray, 75 h., c. de Vernon.

Rugles, 1,724 h., ch.-l. de c. de l'arrond. d'Évreux, sur la Rille. »»—→ Restes d'un château fort du xiv° s. — La nef de l'église est du xiii° s. belle tour (mon. hist.), décorée de statues, du xv° s.; chœur et ses collatéraux, du xvi° s.; jolis vitraux modernes. — L'église Saint-Jean, occupée par un tonnelier, paraît antérieure au x° s.; façade du xvi° s. — Château construit sous Louis XIV par les comtes de Rugles.

Sacq (**Le**), 179 h., cant. de Damville.

Sacqenville, 598 h., c. d'Évreux (Nord). »»—→ Belle église du xv° s., à 2 nefs.

Saint-Agnan-de-Cernières, 250 h., c. de Broglie.

Saint-Amand-des-Hautes-Terres, 296 h., c. d'Amfreville.

Saint-André, 1,511 h., ch.-l. de c. de l'arrond. d'Évreux. »»—→ Murs de l'église décorés des armes et de la devise de Bayard.— Vestiges d'un château fort.

Saint-Antonin-de-Sommaire, 250 h., c. de Rugles.

Saint-Aquilin-d'Augerons, 164 h., c. de Broglie.

Saint-Aquilin-de-Pacy, 411 h., c. de Pacy-sur-Eure. »»—→ Château du Buisson-de-Mai (xviii° s.).

Saint-Aubin-d'Écrosville, 771 h., c. du Neubourg.

Saint-Aubin-de-Scellon, 1,012 h., c. de Thiberville. »»—→ Chœur de l'église (voûte du xii° s.).

Saint-Aubin-des-Hayes, 259 h., c. de Beaumesnil.

Saint-Aubin-du-Thenney, 674 h., c. de Broglie.

Saint-Aubin-le-Guichard, 502 h., c. de Beaumesnil.

Saint-Aubin-le-Vertueux, 549 h., c. de Bernay.

Saint-Aubin-sur-Gaillon, 816 h., c. de Gaillon.

Saint-Aubin-sur-Quillebeuf, 335 h., c. de Quillebeuf.

Sainte-Barbe-sur-Gaillon, 290 h., c. de Gaillon.

Saint-Benoît-des-Ombres, 178 h., c. de Saint-Georges-du-Vièvre.

Saint-Christophe-sur-Avre, 284 h., c. de Verneuil. ➠→ Ruines d'un fort entouré de fossés. — Voie romaine.

Saint-Christophe-sur-Condé, 668 h., c. de Saint-Georges-du-Vièvre.

Saint-Clair-d'Arcey, 401 h., c. de Bernay.

Sainte-Colombe-la-Campagne, 503 h., c. d'Évreux (Nord). ➠→ Ancienne commanderie de Malte de Benneville.

Sainte-Colombe près-Vernon, 180 h., c. de Vernon.

Sainte-Croix-sur-Aizier, 475 h., c. de Quillebeuf. ➠→ Dans l'église, beaux vitraux du xive s.

Saint-Cyr-de-Salerne, 597 h., c. de Brionne.

Saint-Cyr-du-Vaudreuil, 972 h., c. de Pont-de-l'Arche.

Saint-Cyr-la-Campagne, 428 h., c. d'Amfreville. ➠→ Église du xie s.; portail de l'O., curieux.

Saint-Denis-d'Augerons, 111 h., c. de Broglie.

Saint-Denis-des-Bois, 685 h., c. d'Amfreville.

Saint-Denis-des-Monts, 285 h., c. de Bourgtheroulde.

Saint-Denis-du-Béhélan, 180 h., c. de Breteuil.

Saint-Denis-le-Ferment, 476 h., c. de Gisors. ➠→ Église du xive s. — Dans le cimetière, croix en pierre de la Renaissance. — Ruines d'un château.

Saint-Didier, 683 h., c. d'Amfreville.

Saint-Elier, 95 h., c. de Conches.

Saint-Éloi-de-Fourques, 450 h., c. de Brionne.

Saint-Étienne-du-Vauvray, 535 h., c. de Louviers. ➠→ Menhir; tumulus.

Saint-Étienne-l'Allier, 794 h., c. de Saint-Georges-du-Vièvre. ➠→ Dans l'église (xie s.), belles boiseries.

Saint-Étienne-sous-Bailleul, 156 h., c. de Gaillon.

Sainte-Geneviève-lès-Gasny, 157 h., c. d'Écos.

Saint-Georges-du-Mesnil, 518 h., c. de Saint-Georges-du-Vièvre.

Saint-Georges-du-Vièvre, 928 h., ch.-l. de c. de l'arrond. de Pont-Audemer.

Saint-Georges-sur-Eure, 458 h., c. de Nonancourt.

Saint-Germain-de-Fresney, 185 h., c. de Saint-André.

Saint-Germain-de-Pasquier, 76 h., c. d'Amfreville.

Saint-Germain-des-Angles, 121 h., c. d'Évreux (Nord). ➠→ Ruines d'un château à tourelles.

Saint-Germain-la-Campagne, 1,119 h., c. de Thiberville. ➠→ Voie romaine. — Église en partie moderne ; chœur ogival orné de beaux vitraux.

Saint-Germain-sur-Avre, 574 h., c. de Nonancourt.

Saint-Germain-Village, 686 h. c. de Pont-Audemer. ➠→ Église du xie s.

Saint-Grégoire-du-Vièvre, 577 h., c. de Saint-Georges-du-Vièvre.

Saint-Jean-de-Léqueraye, 250 h., c. de Saint-Georges-du-Vièvre.

Saint-Jean-du-Thenney, 511 h., c. de Broglie.

Saint-Julien-de-la-Liègue, 205 h., c. de Gaillon.

Saint-Just, 264 h., c. de Vernon. ➠→ Châteaux : l'un a appartenu à Suchet, l'autre à Casimir Delavigne.

Saint-Laurent-des-Bois, 102 h., c. de Saint-André.

Saint-Laurent-du-Tencement, 115 h., c. de Broglie.

Saint-Léger-de-Rôtes, 406 h., c. de Bernay.

Saint-Léger-du-Gennetey, 108 h., c. de Bourgtheroulde.

Saint-Léger-sur-Bonneville, 155 h., c. de Beuzeville. ➠→ A l'église, fonts baptismaux du xie s.

Saint-Luc, 105 h., c. d'Évreux (Sud). ➠→ Église (mon. hist.).

Saint-Maclou, 517 h., c. de Beuzeville. ➠→ Clocher du xie s. — Beau château.

Saint-Marcel, 795 h., c. de Vernon.

Saint-Mards-de-Blacarville, 474 h., c. de Pont-Audemer. »»—→ Église romane abandonnée (xi° s.). — Ancien château à tourelles et fossés.

Saint-Mards-de-Fresne, 705 h., c. de Thiberville.

Sainte-Marguerite-de-l'Autel, 705 h., c. de Breteuil. »»—→ Bas-reliefs de l'église. — Ancien prieuré de Lierru.

Sainte-Marguerite-en-Ouche, 204 h., c. de Beaumesnil.

Sainte-Marie-de-Vatimesnil, 252 h., c. d'Étrépagny.

Sainte-Marthe, 489 h., c. de Conches.

Saint-Martin-du-Tilleul, 176 h., c. de Bernay.

Saint-Martin-la-Campagne, 58 h., c. d'Évreux (Nord).

Saint-Martin-Saint-Firmin, 595 h., c. de Saint-Georges-du-Vièvre.

Saint-Meslain-du-Bosc, 102 h., c. d'Amfreville.

Saint-Nicolas-d'Attez, 142 h., c. de Breteuil. »»—→ A peu de distance du château de Mauny (xv° s.), pierre druidique connue sous le nom de *Pierre-de-la-Goure.*

Saint - Nicolas - de - Pont - Saint-Pierre, 892 h., c. de Fleury-sur-Andelle. »»—→ Dans l'église, parties anciennes. — Beau château de Pont-Saint-Pierre (xv° s.), auquel conduit une avenue d'arbres séculaires; façade imposante flanquée de 2 tours; bel escalier, pièces d'eau, parc magnifique.

Saint-Nicolas-du-Bosc, 276 h., c. d'Amfreville.

Saint-Nicolas-du-Bosc-l'Abbé, 291 h., c. de Bernay.

Sainte-Opportune-du-Bosc, 240 h., c. de Beaumont-le-Roger. »»—→ Église du xiv° s.

Sainte-Opportune - près - Vieux-Port, 379 h., c. de Quillebeuf. »»—→ Restes d'un château flanqué de tours.

Saint-Ouen-d'Attez, 258 h., c. de Breteuil.

Saint-Ouen-du-Tilleul, 626 h., c. de Bourgtheroulde.

Saint-Ouen-de-Poncheuil, 141 h., c. d'Amfreville.

Saint-Ouen-des-Champs, 249 h., c. de Quillebeuf.

Saint-Ouen-de-Thouberville, 907

h., c. de Routot. »»—→ Monument commémoratif du combat du 4 janvier 1871 (statue d'un garde mobile, en bronze, par Millet).

Saint-Paër, 104 h., c. de Gisors.

Saint-Paul-de-Fourques, 290 h., c. de Brionne.

Saint-Paul-sur-Risle, 474 h., c. de Pont-Audemer.

Saint-Philbert-sur-Boissey, 125 h., c. de Bourgtheroulde. »»—→ Ravin profond de Roche-d'Oître.

Saint-Philbert-sur-Risle, 1,161 h., c. de Montfort. »»—→ Château de la Cour (fin du xvi° s.).

Saint-Pierre-d'Autils, 705 h., c. de Vernon. »»—→ Église : tour du xii° s. — Vestiges d'un camp immense.

Saint-Pierre-de-Bailleul, 531 h., c. de Gaillon.

Saint-Pierre-de-Cernières, 557 h., c. de Broglie.

Saint-Pierre-de-Cormeilles, 872 h., c. de Cormeilles. »»—→ Église de la fin du xiii° s.; panneaux sculptés de la Renaissance représentant les Apôtres.— Ruines d'une abbaye. — Château construit sur les ruines d'une forteresse détruite en 1574.

Saint-Pierre-de-Salerne, 564 h., c. de Brionne.

Saint-Pierre-des-Cercueils, 379 h., c. d'Amfreville. »»—→ Église du xi° s.; magnifique reliquaire et deux jolies statues du xvii° ou du xviii° s.

Saint-Pierre-des-Ifs, 464 h., c. de Saint-Georges-du-Vièvre.

Saint - Pierre - du - Bosguerard, 406 h., c. d'Amfreville. »»—→ Remarquables croix (xvi° s.) du cimetière.

Saint-Pierre-du-Mesnil, 233 h., c de Beaumesnil.

Saint-Pierre-du-Val, 601 h., c. de Beuzeville. »»—→ Château reconstruit il y a quelques années; 5 avenues de hêtres séculaires; belle façade délicatement sculptée; 4 tours; jolie chapelle gothique décorée de vitraux. — Belle vue sur les Pointes de la Roque et de Tancarville, l'embouchure de la Rille et la vallée de la Seine.

Saint-Pierre-du-Vauvray, 550 h., c. de Louviers. »»—→ Gorge pittoresque de la Vèze.

Saint-Pierre-la-Garenne. 410 h., c. de Gaillon.

Saint-Quentin-des-Isles, 500 h., c. de Broglie.

Saint-Samson-de-la-Roque, 555 h., c. de Quillebeuf. »»—→ Enceinte connue sous le nom de Champ des Anglais. — Grotte qui, selon la tradition, servit d'asile à saint Béranger.

Saint-Sébastien-de-Morsent. 229 h., c. d'Évreux (Sud).

Saint-Siméon, 585 h., c. de Cormeilles.

Saint-Sulpice-de-Graimbouville, 128 h., c. de Beuzeville. »»—→ If séculaire à côté de l'église.

Saint-Sylvestre-de-Cormeilles, 429 h., c. de Cormeilles.

Saint-Symphorien, 526 h., c. de Pont-Audemer.

Saint-Thurien, 287 h., c. de Quillebeuf.

Saint-Victor-de-Chrétienville, 554 h., c. de Bernay.

Saint-Victor-d'Épine, 672 h., c. de Brionne.

Saint-Victor-sur-Avre, 101 h., c. de Verneuil.

Saint-Vigor, 145 h., c. d'Évreux (Sud).

Saint-Vincent-des-Bois, 155 h., c. de Vernon.

Saint-Vincent-du-Boulay, 580 h., c. de Thiberville.

Sancourt, 154 h., c. de Gisors.

Sassey, 95 h., c. d'Évreux (Sud).

Saussaye (La), 708 h., c. d'Amfreville. »»—→ L'ancienne église collégiale, aujourd'hui paroissiale, surmontée d'une tour carrée, est un bel édifice du xive s., composé d'une seule nef et de deux vastes chapelles ; magnifiques vitraux de la Renaissance, parmi lesquels le vitrail du Crucifiement, et celui qui offre le portrait en pied de saint Louis, à qui cette collégiale était dédiée ; 44 stalles du xvie s., remarquablement sculptées, occupent le pourtour du chœur ; le tabernacle du maître-autel offre un gracieux groupe représentant la Foi, l'Espérance et la Charité ; à l'entrée de la nef, tribune en bois, décorée de cartouches ; chaire gothique moderne ; panneaux de la tribune couverts de bas-reliefs. — Devant le portail de l'église, une vaste place occupe l'emplacement de l'ancienne cour du cloître, où l'on entrait par deux portes qui subsistent encore. — En deçà du portail, une curieuse maison en bois du xvie s., à étage en encorbellement, a conservé une statuette de la Vierge avec l'enfant Jésus. — Château ; beau parc dessiné par Le Nôtre. — A Saint-Martin-la-Corneille, église en grande partie romane, joli clocher en bois du xvie s.; curieuses fresques de la Renaissance.

Saussay-la-Vache, 519 h., c. d'Étrépagny.

Sébécourt, 495 h., c. de Conches.

Séez-Mesnil, 224 h., c. de Conches.

Selles, 557 h., c. de Pont-Audemer.

Serez, 120 h., c. de Saint-André.

Serquigny, 1,555 h., c. de Bernay. »»—→ Église : clocher du xvie s.; portail remarquable (mon. hist.) du xie s. — A l'intérieur, riches sculptures, chapelle seigneuriale de la Renaissance et restes de vitraux de la même époque. — Château à tourelles et parc du marquis de Croix. — Camp romain appelé le fort Saint-Marc.

Surtauville, 572 h., c. de Louviers.

Surville, 507 h., c. de Louviers.

Suzay, 226 h., c. des Andelys.

Theillement, 181 h., c. de Bourgtheroulde.

Theil-Nolent, 561 h., c. de Thiberville.

Thevray, 468 h., c. de Beaumesnil. »»—→ Vieux château entouré de fossés et défendu par une haute tour de 1489.

Thiberville, 1,594 h., ch.-l. de c. de l'arrond. de Bernay.

Thibouville, 655 h., c. de Beaumont-le-Roger. »»—→ Église (mon. hist.).

Thierville, 524 h., c. de Montfort. »»—→ Église romane.

Thil (Le), 284 h., c. d'Étrépagny.

Thilliers-en-Vexin (Les), 214 h., c. d'Étrépagny.

Thomer-la-Sôgne, 557 h., c. de Damville.

Thuit (Le), 104 h., c. des Andelys.

Thuit-Anger (Le), 597 h., c. d'Amfreville.

Thuit-Hébert, 255 h., c. de Bourg-theroulde.

Thuit-Signol (Le), 952 h., c. d'Amfreville. »—→ Église du XIVᵉ s.; belle tour du XIVᵉ s.; magnifiques fonts baptismaux du XVᵉ.

Thuit-Simer (Le), 505 h., c. d'Amfreville.

Tilleul-Dame-Agnès, 215 h., c. de Beaumont-le-Roger.

Tilleul-Lambert (Le), 221 h., c. d'Évreux (Nord).

Tilleul-Othon Le, 369 h., c. de Beaumont-le-Roger.

Tillières-sur-Avre, 1,205 h., c. de Verneuil, dans une belle situation, sur l'Avre. »—→ Vestiges d'une forteresse. — La voûte du chœur de l'église (mon. hist.) est chargée de belles sculptures et de pendentifs dans le style de la Renaissance. — Château.

Tilly, 522 h., c. d'Écos. »—→ Château de Sausseuse.

Tocqueville, 144 h., c. de Quillebeuf.

Torpt (Le), 530 h., c. de Beuzeville. »—→ Église du XIᵉ s.

Tosny, 318 h., c. de Gaillon.

Tostes, 227 h., c. de Pont-de-l'Arche.

Touffreville, 548 h., c. de Lyons-la-Forêt.

Tournedos-Bois-Hubert, 209 h., c. d'Évreux (Nord).

Tournedos-sur-Seine, 157 h., c. de Pont-de-l'Arche.

Tourneville, 196 h., c. d'Évreux Nord.

Tourny, 855 h., c. d'Écos. »—→ Église remarquable : collatéraux du XVᵉs.

Tourville-la-Campagne, 605 h., c. d'Amfreville.

Tourville-sur-Pont-Audemer, 458 h., c. de Pont-Audemer. »—→ Église des XIᵉ, XIIᵉ et XVᵉ s.; chœur du XVIIᵉ s. —→ Vestiges d'une forteresse, près d'un château moderne.

Toutainville, 700 h., c. de Pont-Audemer.

Touville, 122 h., c. de Montfort.

Tremblay (Le), 284 h., c. du Neubourg.

Trinité (La), 61 h., c. d'Évreux Sud).

Trinité-de-Réville (La), 312 h., c. de Broglie. »—→ Vestiges d'un ancien château.

Trinité-de-Thouberville (La), 159 h., c. de Routot. »—→ Église romane (porte latérale à sculptures). — Enceinte d'une forteresse environnée de fossés profonds.

Triqueville, 575 h., c. de Pont-Audemer.

Troncq (Le), 195 h., c. du Neubourg. »—→ If énorme, contemporain de l'église (XIᵉ s.). — Château; beau colombier octogonal du XVIIᵉ s.; magnifique parc dessiné par Le Nôtre.

Tronquay (Le), 880 h., c. de Lyons-la-Forêt. »—→ Butte aux Anglais, environnée d'un double fossé.

Trouville-la-Haulle, 712 h., c. de Quillebeuf.

Vacherie (Le), 705 h., c. de Louviers.

Valailles, 294 h., c. de Bernay.

Val-David (Le), 176 h., c. de Saint-André.

Valletot, 321 h., c. de Routot. »—→ Église : beau portail roman.

Vandrimare, 370 h., c. de Fleury-sur-Andelle.

Vannecrocq, 285 h., c. de Beuzeville.

Vascœuil, 414 h., c. de Lyons-la-Forêt. »—→ Charmants paysages.

Vatteville, 164 h., c. de Pont-de-l'Arche. »—→ Église : bénitier, portail et fenêtres du XVᵉ s ; tour carrée, vitraux.

Vaux-sur-Eure, 168 h., c. de Pacy-sur-Eure. »—→ Joli château avec un parc magnifique.

Vaux-sur-Risle, 154 h., c. de Rugles.

Venables, 602 h., c. de Gaillon. »—→ Tunnel long de 399 mèt.

Venon, 206 h., c. du Neubourg.

Ventes (Les), 526 h., c. d'Évreux Sud. »—→ Dolmen.

Verneuil, 3,755 h., ch.-l. de c. de l'arrond. d'Évreux, sur l'Avre. »—→ Donjon du château (mon. hist.) ou tour Grise, haute de 25 mèt., ronde, terminée par des créneaux. — Église de la Madeleine (XIᵉ, XIIIᵉ, XIVᵉ, XVIᵉ et XVIIᵉ s.); belle tour (mon. hist.) haute de 27 mèt. (1506-1550), ornée de cu_ rieuses sculptures; nombreux vitraux des xv° et xvi° s. — Chœur et flèche de l'église Notre-Dame, remontant à la fondation de la ville (xii° s.). — Ancienne église Saint-Jean, servant de halle et conservant quelques riches sculptures. — Vieille église Saint-Laurent. — Abbaye de Saint-Nicolas. —

Maison de la Renaissance (mon. hist.). — Belles promenades.

Verneusses, 450 h., c. de Broglie. ⟫⟶ Pierre druidique.

Vernon, 7,636 h., ch.-l. de c. de l'arrond. d'Évreux, dans une belle situation sur la rive g. de la Seine (beau pont en pierre). ⟫⟶ Église (mon.

Tour de la Madeleine, à Verneuil.

hist.): chœur du xii° s.; nef importante du xiv° et chapelles du xv°s. Chaire moderne gothique en bois, fort remarquable; beau tombeau, en marbre blanc, de la femme d'un président de la cour des Aides de Normandie. — Tour des Archives, reste bien conservé du château construit par Henri I°,

au xii° s. — Château de Bizy; cascades dans le parc.

Vernonnet, com. de Vernon. ⟫⟶ Église neuve; magnifique autel en pierre, style du xii° s., orné d'un beau bas-relief représentant la Cène, d'après Léonard de Vinci. — Restes d'une église antérieure au xii° s. (mon. hist.);

le portail, de l'époque d'Henri II, décoré de bas-reliefs exquis, a été transporté près de la nouvelle église. — Beau donjon à tourelles du XIIᵉ s. — Enceinte dite camp de César, qui a probablement servi à une station de Normands.

Vesly, 619 h., c. de Gisors.

Vézillon, 108 h., c. des Andelys.

Vieil-Évreux (**Le**), 299 h., c. d'Évreux (Sud). ⟫⟶ Ruines romaines : vaste théâtre, bains antiques, palais, aqueduc dont on retrouve les traces à 20 kil. de là.

Vieille-Lyre (**La**), 670 h.. c. de Rugles. ⟫⟶ Ruines d'une abbaye fondée au XIᵉ s.

Vieux-Port, 177 h., c. de Quillebeuf. ⟫⟶ Jolie petite chapelle ombragée par un if gigantesque.

Vieux-Villez, 108 h., c. de Gaillon.

Villalet, 99 h., c. de Damville. ⟫⟶ Perte de l'Iton.

Villegâts, 260 h., c. de Pacy-sur-Eure.

Villers-en-Vexin, 251 h., c. d'Étrépagny.

Villers-sur-le-Roule, 286 h., c. de Gaillon.

Villettes, 195 h., c. du Neubourg. ⟫⟶ Manoir fortifié.

Villez-Champ-Dominel, 180 h., c. de Damville.

Villez-sous-Bailleul, 251 h., c. de Vernon.

Villez-sur-le-Neubourg, 295 h., c. du Neubourg.

Villiers-en-Désœuvre, 597 h., c. de Pacy-sur-Eure. ⟫⟶ A Chanu, restes d'une commanderie de Malte. — A Villiers, ruines d'un manoir fortifié (tour).

Vironvay, 124 h., c. de Louviers.

Vitot, 570 h., c. du Neubourg.

Voiscreville, 151 h., c. de Bourgtheroulde.

Vraiville. 508 h., c. d'Amfreville.

Imprimerie A. Lahure, 9, rue de Fleurus, à Paris.

France par ADOLPHE JOANNE

les chiffres indiquent la hauteur en mètres au dessus du niveau de la mer

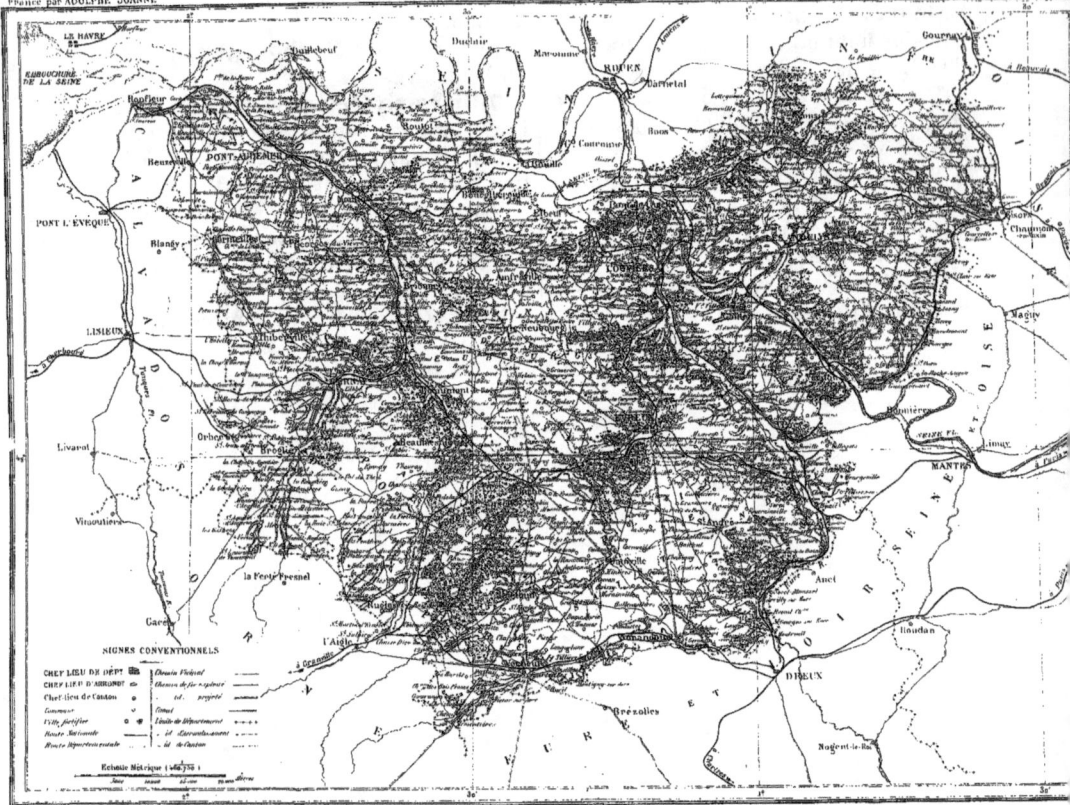

LE HAVRE

EMBOUCHURE
DE LA SEINE

Honfleur

Beuzeville

PONT-AUDEMER

PONT L'ÉVÊQUE

Blangy

LISIEUX

Orbec

Livarot

Vimoutiers

la Ferté-Fresnel

Gacé

l'Aigle

Quillebeuf

Duclair

Maromme

ROUEN

Darnetal

Bourgtheroulde

Louviers

Beaumont

Brionne

S   E   I   N   E

O   I   S   E

Gournay

Chaumont

Magny

Bonnières

MANTES

S
E
I
N
E

E
T

O
I
S
E

St-André

Anet

Houdan

Nogent-le-Roi

DREUX

Brezolles

E
U
R
E

E
T

L
O
I
R

C
A
L
V
A
D
O
S

O
R
N
E

SIGNES CONVENTIONNELS

CHEF LIEU DE DÉPT	Chemin Vicinal
CHEF LIEU D'ARRONDT	Chemin de fer exploité
Chef-lieu de Canton	id. projeté
Commune	Canal
Ville fortifiée	Limite de Département
Route Nationale	id. d'Arrondissement
Route Départementale	id. de Canton

Echelle Métrique (1/340,750)

LIBRAIRIE HACHETTE ET Cⁱᵉ

A PARIS, BOULEVARD SAINT-GERMAIN, 79

NOUVELLE COLLECTION DES GÉOGRAPHIES DÉPARTEMENTALES
PAR AD. JOANNE
FORMAT IN-12 CARTONNÉ

Prix de chaque volume. . . . . 1 fr.

(Février 1881)

76 départements sont en vente

EN VENTE

Ain.	11 gravures, 1 carte		Isère.	10 gravures	1 carte.	
Aisne.	20	1	Jura.	12	1	
Allier.	27	1	Landes	11	1	
Alpes-Maritimes.	15	1	Loir-et-Cher . .	13	1	
Ardèche	12	1	Loire.	16	1	
Ariége	8	1	Loire-Inférieure.	18	1	
Aube.	14	1	Loiret.	22	1	
Aude.	9	1	Lot	8	1	
Basses-Alpes. .	10	1	Lot-et-Garonne.	12	1	
Bouch.-du-Rhône	24	1	Maine-et-Loire..	22	1	
Calvados	11	1	Manche.	13	1	
Cantal.	11	1	Marne.	12	1	
Charente. . . .	15	1	Meurthe — et —			
Charente-Infér..	11	1	Moselle. . . .	17	1	
Cher	12	1	Morbihan. . . .	13	1	
Corrèze. . . .	11	1	Nièvre..	9	1	
Corse.	11	1	Nord	17	1	
Côte-d'Or. . .	21	1	Oise.	10	1	
Côtes-du-Nord .	10	1	Orne	13	1	
Deux-Sèvres. . .	11	1	Pas-de-Calais.	9	1	
Dordogne. . . .	14	1	Puy-de-Dôme . .	16	1	
Doubs	15	1	Pyrén.-Orient. .	13	1	
Drôme	13	1	Rhône.	19	1	
Eure	15	1	Saône-et-Loire..	23	1	
Eure-et-Loir . .	17	1	Sarthe	16	1	
Finistère	16	1	Savoie.	14	1	
Gard	12	1	Seine-et-Marne.	13	1	
Gers	11	1	Seine-et-Oise. .	17	1	
Gironde.	15	1	Seine-Inférieure.	15	1	
Haute-Garonne.	12	1	Somme..	12	1	
Haute-Marne. .	12	1	Tarn	11	1	
Haute-Saône.. .	12	1	Tarn-et-Garonne	8	1	
Haute-Savoie .	19	1	Var.	12	1	
Haute-Vienne. .	11	1	Vaucluse. . . .	16	1	
Hautes-Alpes. .	18	1	Vendée	14	1	
Hautes-Pyrénées	14	1	Vienne..	15	1	
Ille-et-Vilaine. .	14	1	Vosges	16	1	
Indre	22	1	Yonne..	17	1	
Indre-et-Loire. .	21	1				

IMPRIMERIE A. LAHURE, RUE DE FLEURUS, 9, A PARIS.

www.ingramcontent.com/pod-product-compliance
Lightning Source LLC
La Vergne TN
LVHW020949090426
835512LV00009B/1784